「学校に行きたくない子」への
かかわり方がわかる本

公認心理師
水野優子 著
Mizuno Yuko

秀和システム

はじめに

本書を手に取っていただき、ありがとうございます。

この本に関心を寄せてくださったあなたは、もしかすると今、お子さんが学校へ行きたがらないことで心落ち着かない日々を過ごされているのでしょうか。

とりあえず学校は休ませて様子を見ているが、この先どうなるのか不安。

あちこち相談しに行っているものの、これといった解決策に巡り会えない。

先生や周りの人は「ゆっくり休ませてあげて」「好きなことをさせてあげて」と言うけれど、本当にそれだけでよいのかわからない……。

私のカウンセリングルームに、お子さんの不登校の相談にいらっしゃるお父さん、お母さんも口々にそうおっしゃいます。

そうした、先の見えないトンネルの中にいらっしゃる親御さんとお子さんが少しでも前進するためのお役に立ちたくて、この本を執筆させていただきました。

はじめまして。公認心理師の水野優子と申します。

元々保育士として働いていましたが、心理学を学び、学童保育の運営、公立小中学校での心の相談員などを経験したのち、15年ほど前にカウンセリングルームを開設しました。

そこで私は、ご相談者に寄り添うとともに、心に関する様々な専門知識とスキルを用いて具体的な行動を提案し、現状を変えるためのお手伝いをしています。

カウンセリングルームには、親子関係や子育ての悩みを抱えた方々が、年間千人ほど訪ねていらっしゃいます。

学校の先生からの紹介で、不登校の児童にかかわらせていただくことも多くあります。

これまで、子どもが不登校になって、復学を希望されるご相談を受けたケースでは9割以上の確率で、お子さんの学校復帰を助けることができました。かかわった期間は短ければ1か月半、長くても3か月ほどです。

放っておいたらいつ解決するともわからない不登校の問題ですが、周りの大人が積極的に、かつ適切にかかわることができれば、無理なく早期に解決することは可能なのです。

本書では、そのための「成功のカギ」をお伝えします。

ご存じのように、今、不登校の子どもへの対応は、まず心を元気にするために「その子の自由にさせる」ことが主流になっています。

心の健康を回復させるためには、登校を無理強いせずに、「自由に」「本人の好きなように」させるのが大切です。

ですが、本人の自由にさせているだけでは、今の状態からずっと抜け出せなくなる可能性も高いと私は思います。

時間の縛りや人間関係のわずらわしさから解放された毎日に慣れてしまうと、学校に通うことを軸とした生活に戻りたくないと感じるのは当然でしょう。

また、一度学校に行かなくなった子どもが、その間にできあがった子ども同士のグループに飛び込んでいくのはとても勇気がいることです。

そのため、学校に行くというハードルは日が経つにつれて高くなってしまいます。

もちろん、学校だけがすべてではありません。「学校には必ず行かなくてはいけない」「学校に行かない＝悪いこと」とは思いません。

不登校を悲観的にとらえる必要もありません。それぞれのご家庭の考え方もあるでしょう。学校に行かない、行かせない選択肢ももちろんあります。

「どうしても子どもを学校に行かせたい」という親御さんは、今は少数派です。しかし、「無理してまでは学校に行かせなくていい」とする一方で、こんな苦しみを吐露する方も少なくありません。

「学校という言葉を聞くだけで、胸がギュッと締めつけられるように感じて、動悸が激しくなるんです」

「子どもも、自分のせいでみんなに迷惑をかけて……と、ときどき泣いています」

学校に行くのもつらいけれど、行かなくてもつらい……。もし、そんな現状を変えたい、打破したいという気持ちを親子ともに持っていらっしゃるのであれば、勇気を出して学校に行くチャレンジをしてみてもよいのではないでしょうか。

「くじけそうになることがあっても、あのときを乗り越えたのだからと思うと頑張れる」

これは学校復帰を果たした親御さんとお子さんからよく聞く言葉です。

不登校を乗り越えることで、親子の絆が深まり、自信と勇気を得ることができるのです。

不登校の子どもとのかかわり方についての本を書くにあたり、私は二つのゴールを設定しました。

一つ目のゴールは、子どもが笑顔で元気に生活できる状態になるということです。

不登校の相談では、子どもの睡眠不足、ストレス、ゲーム、親子関係、というように、不登校以外の日常における悩みを持たれている相談者がほとんどです。

学校に行くにしても行かないにしても、まずは、これらをしっかりと解決して、健康的に毎日を過ごせることを目指します。

二つ目のゴールは復学です。こちらは、一つ目のゴールが達成できた前提で挑戦するもので、必ず目指さなければいけないものではないのですが、希望される方のお力になれるよう、具体的にご家庭でできることを書いてみました。

ここで大まかに、不登校を乗り越えるまでの道のりをご紹介します。

①親の子どもへのかかわり方を見直し、その子に合っていない点は改める
②子どもが関心を持っていることに親も関心を寄せて、一緒に過ごす時間を増やす

③親子でいて楽しい雰囲気を作り上げる
④引きこもっている子なら、タイミングを見て外に連れ出す
⑤規則正しい生活サイクルに改める

以上は「下準備」です。ここまでの期間はだいたい1か月半程度。この後、様子を見ながら子どもに学校へ行くことを提案してみます。

下準備はすべて、子どもの「信頼」を得るための重要なかかわりです。必要なのは密接なかかわりであり、共有する時間の長さです。

こうやって、お子さんの中に学校に行くための心構えを少しずつ養いながら準備を進めていきます。

不登校を乗り越えるための下準備としての具体的なかかわり方については、本文で詳しくお話ししています。そのほか、本書では次の内容についてお伝えします。

◆不登校の子どもへの普段のかかわり方のポイント
◆不登校を乗り越えるための心と体の準備
◆登校の前日や当日に起こりがちな困りごととその対策

そして最後の章では、最も大切なメッセージをお伝えしています。

それは、「**親も子も誰も悪くない**」ということです。

親であるあなたの心がつぶれてしまったら元も子もありません。どうかご自分を責めないでください。

つらくて心が壊れそうなときには、まずは自分の心を守るために「なるようになる」と開き直る勇気も必要です。

本書が、そんな、つらい思いを抱えて毎日を過ごしているお父さんやお母さん、お子さんのお役に立つことを心から願っています。

#「学校に行きたくない子」へのかかわり方がわかる本 ── もくじ

第2章 「学校に行きたくない」を乗り越えるための準備

第3章

スムーズな学校復帰を実現するためのポイント

第4章 「学校に行きたくない」子が変わる毎日のかかわり

第5章 不登校、学校復帰にまつわる不安に答える

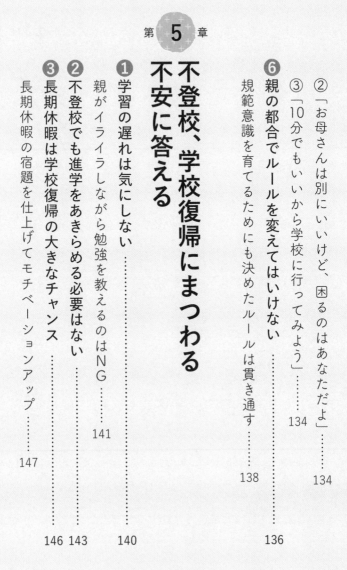

第6章 「学校に行きたくない」子の親御さんへのメッセージ

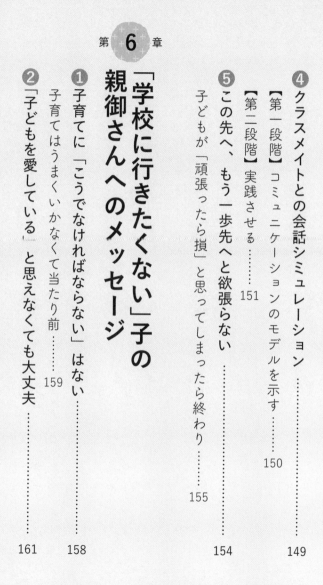

第1章

私が出会った「学校に行きたくない」子どもたち

不登校の子どもたちの相談では、保護者の方の大半が「子どものカウンセリングをお願いします」とおっしゃいます。しかし、実はその前に家庭でできることがたくさんあります。この章ではまず、どのようなかかわりで子どもたちが元気に変わっていったのか、事例を紹介します。

1 子どもと過ごす時間を増やして行き渋りを解消

最初の事例は、「別に嫌なことがあったわけじゃない」けれども、「なんか最近学校に行きたくない」という小学5年生のAくんのケースです。

Aくんは5年生の6月の後半から学校に行きたくないと言い出すようになり、7月の中頃から毎週1～2日学校を休むようになりました。

心配したお母さんが「何かあったの？」と聞いても、本人は「別に」「なんとなく行きたくない」と答えるのみ。夏休みに入ったら気分も変わるかと、ほしがっていたゲームを買ってあげると、Aくんはとても喜び、友だちを家に呼んで一緒にそのゲームで遊んでいました。

夏休みの終わる3日前に、たくさんあった宿題を大急ぎで終わらせて、始業日は元気に登校しました。

ですが、その翌日から再び学校に行きたくないと言い出し、翌週は3日、学校を休んでしまいました。

そこで、いよいよ心配になったお母さんが、筆者のカウンセリングルームに相談の電話をかけてこられたのです。

学校に行き渋る原因は愛情不足？

Aくんのことを熱心にお話ししてくださったお母さんにご自身のことを伺うと、パートタイムで働きながらごはん作りや掃除・洗濯など家事にも手抜きをしない、完璧主義ともいえる方でした。

そのせいか、Aくんが宿題をしなかったり忘れ物をしたりするのがとても気になるようで、毎日「宿題はやったの？」「明日の準備はした？」「忘れ物しないようにね」など、口うるさく言ってしまうとのこと。

「夜になっても宿題もせずにダラダラしているAを見ると、つい腹が立って怒ってしまうこともあるんですよね……」と、うなだれていらっしゃいます。

そんなお母さんの話を聞き、私はAくんが学校に行き渋る原因について一つの仮説を立てました。

Aくんには、お母さんの愛情がうまく伝わっておらず、そのため愛情不足を感じているのではないか？

もっとお母さんに優しくされたい、甘えたいという気持ちを、「学校に行かない」という行動で表しているのではないか？

そこでお母さんには、次の二つのことを試してみてくださいとお願いしました。

一つ目は、「**宿題について何も言わない**」ことです。

二つ目は、「**ごはん作りや掃除を手抜きしてもよいので、Aくんとの時間を作る**」ことです。

いずれもお母さんにとっては、これまでの自分の行動とはまったく違うことですし、特に一つ目については不安や抵抗を感じていらっしゃいましたが、最終的には納得し、宿題はお子さんの自主性に任せる決意をしてくださいました。

「自分が宿題をしろと言わなければ、すぐにはしないでしょうけど、寝る前くらいになったら慌ててするんじゃないかと思います」と自分に言い聞かせるようにつぶやくお母さんに、「何も言わない代わりに、ニコニコしていてあげてください」と声をかけました。

家事の手を抜いて子どもの隣にいる時間を作る

さて、結果からお伝えすると、前述の二つを実行してもらった翌週からAくんは学校に休まず行くようになりました。

宿題も、お母さんの予想通り夜になってからですが、自分から取り組んでいるとのことです。

やはり仮説の通り、Aくんはお母さんの愛情に不足を感じていたようです。いや、お母さんは愛情をいっぱい注いで育てているのですが、それがうまくAくんに伝わっていなかったのでしょう。

私がお母さんにお願いした二つの行動には意味がありました。

「宿題について何も言わない」のは、お母さんとAくんのストレスを減らし、極力二人が笑顔でいられるようにするのが目的です。

子どもの宿題や勉強については、「やりなさい」と言う親もイライラ、言われる子どもも「しようと思ってたのに！」とムカムカしがちです。

また、子どもは親から「○○しなさい」と言われると、隠れたメッセージとして「言われないとできない子」と思われていると感じます。日常的にそう言われていると、子どもの元気はなくなってしまいます。

二つ目の行動の意味はわかりやすいと思いますが、**お母さんには家事を手抜きしてできたちょっとした空き時間を、「Aくんの隣にいる時間」にしてもらいました。**

お子さんのために一生懸命家事をするのは、親として本当に素晴らしいことですが、そのためにお子さんとの時間が少なくなったり、疲れてしまってイライラしたりしては本末転倒です。

また、一生懸命美味しいごはんを作ってあげても、子どもはなかなかそこに込められている愛情を感じ取れません。

子どもにとっては心尽くしの料理よりも、親が自分を見てくれているほうが嬉しいのです。子どもは親に近くにいてほしい、話を聞いてほしいと常に思っています。

食事は買ってきたお弁当でもかまいません。少しでもよいので子どもの横に座って子どもの話を聞き、会話をする時間を作ってみましょう。「お母さんと時間を共有している」と子どもに感じさせるのが、わかりやすく愛情を伝えるコツです。

2 子どもの前では笑顔で！家庭環境をリセット

Bちゃんは小学5年生の女の子。三人きょうだいの末っ子で、勉強がよくできます。

しかし、5月のゴールデンウィーク明け、突然不登校になりました。

親御さんが理由を聞くと、「友だちがムカつくから行きたくない」とのこと。学校で嫌なことを言われて、最初は我慢していたのですが、あまりに腹が立って言い返したら険悪になり、その子に会いたくないから学校に行きたくなくなったそうです。

もう一点、5年生になって理科で苦手なジャンルが出てきました。これまでテストはどの科目もだいたい100点だったのですが、苦手ジャンルのテストだけは60点くらいしかとれません。これも学校が嫌いになった理由の一つかもしれません。

子どもに甘い父親とそれが不満な母親

Bちゃんが不登校になって1か月ほど過ぎた6月上旬、お父さんとお母さんに別々に話を聞く機会を設けました。

最初はお父さんです。緊張なのか、警戒しているのか、難しそうな顔をしながらカウンセリングルームに入ってきました。

お父さんによると、Bちゃんは小さい頃から気難しく、こだわりが強いほうで、気に入らないことがあると動こうとはしない子とのこと。3人目の子どもですが、お父さんとお母さんはBちゃんの育児に苦戦気味だったそうです。

お父さんは「私は大丈夫なので、子どもを見てやってほしい」という希望でした。

次にお母さんのカウンセリングです。

お母さんはストレスがたまっていたのか、すごい勢いで話しはじめました。お父さんの愚痴が止まりません。

お母さんが言うには、お父さんがBちゃんを甘やかすので、Bちゃんもお父さんにべったり。嫌なことがあるとすぐにお父さんに飛びつきます。

Bちゃんは甘え上手で、雨の日やちょっと眠い日なんかは仕事前にお父さんにお願いして車で送ってもらいます。

お母さんはお父さんに「ちょっとBちゃんに甘すぎなんじゃない？　よくないんじゃない？」とチクチク注意します。

この注意がエキサイトして、ちょっとした口論になることもちょくちょく。そうなると家の中にはピリッとした空気が流れます。

そんなとき、Bちゃんは空気を読んで自分の部屋にスッと消えていくのだそうです。

子どもの前で両親は笑顔でいること

二人から話を聞いて、最初にお願いしたのは「子どもの前では笑顔でいること」です。

本当に仲よし夫婦になれるならそれが一番ですが、気に入らないという感情を表に出さないだけでも大丈夫です。**重要なのは、「どう思うかではなく、どう行動するか」です**。子どもの前でケンカさえしなければOK。子どもの前では可能な限り役者になって仲よしを演じられればOKです。それだけでずいぶん子どもの精神状態は変わります。

子どもにとって親は本当に「環境」の大部分なので、落ち着いた環境になるだけで、子どもの心はずいぶん安定します。

次にお願いしたのは、お父さんの過度な甘やかしをやめてもらうことです。どこからが過度になるかは難しいところですが、今回やめてもらったのは、靴下をはかせてあげたり、食べた食器を下げてあげたり、脱いだ服を洗濯機に運んだりすることでした。

お父さんが甘やかすとお母さんが注意するので、Bちゃんの中で「お父さんは味方、お母さんは敵」という構図が完成してしまいます。「敵」がいることはよくありません。その構図を変えるために、ご両親のかかわり方を変える必要がありました。

両親がかかわり方を変えたことにBちゃんは不満そうでしたが、1週間もせずに落ち着きました。

かかわり方をリセットしたら育て直し

ニコニコ作戦で落ち着いてきたら、わがまま放題の状態を改善していきます。

お父さん、お母さんは、不登校の解決を望んでいたため少し焦りもありましたが、最初のかかわりの変化で効果を感じられたので、「もうひと踏ん張り、頑張ります！」とおっしゃっていただきました。

Bちゃんの不登校の原因は、友だち関係、または学習のつまずきのように見えますが、友人関係をこじらせた子がみんな不登校になるとか、学習でつまずいた子がみんな不登校になるといったことはありません。

不登校はいくつもの要因が重なって起こることが多いので、この機会にそれらの要因に対してしっかりと対応することになりました。

朝、起こしてくれなかったら激怒するBちゃん。いつも三度寝は当たり前なので、お父さんとお母さんが頑張って起こしています。

これも、「Bちゃん朝だよ！」と明るく一声かけて、一度起きたことを確認したら、あとは放っておく。

やっぱりBちゃんは激怒ですが、ちゃんと起きてきました。

お母さんは明るく「おはよう！」で終わりです。Bちゃんの怒りをよそに、朝ごはんの準備をして「ごはんできたよ！」これもにっこり声かけ。お母さんは内心イライラしていますが、名女優になったつもりで、本当の気持ちは顔にも声にも出さずに名演技です。

「いらない！」と言ったBちゃんはその日、食べませんでしたが、お昼ごはんも同じように用意すると、「はーい」と言って食べました。

なんでも思い通りになっていた今までとは、何かが違うことを少しずつ感じたのだと思います。

Bちゃんが脱いだ服をその辺にポーイと投げてあっても、怒らず、怒鳴らず「洗濯かごに入れてね！」とさわやかに声かけ。もちろん、「嫌だ」と言ったときの対応はカウンセリングで準備してあります（第2章第4節参照）。

このように、**少しずつ育て直しのつもりで進めれば、小学生の子なら1週間で変化を感じられます。**

今回はこれを10日ほど頑張ってもらい、復学の具体的な準備に入りました。

子どもの不安を鎮めるための対抗策を持たせる

いよいよ復学の準備です。作戦は「Bちゃんの不安に対抗策を持たせる」です。

お母さんがBちゃんに、学校に行くことについて不安を聞くと、「友だちに嫌なことを言われるかもしれない」「一人ぼっちになったらどうしよう」

「勉強についていけないかもしれない」でした。それがなければ学校に行けると言っています。

これに対して、よくあるのが「大丈夫だよ！」と声をかけることですが、**大丈夫じゃないと思っているから不安を感じているのです**。何より、実際嫌なことを言われることはあり得ます。勉強についていけないのも、1か月休んでいるので考えられます。

今回、お母さんとカウンセリングをして、学校に行ったときに起こりそうな嫌なことをたくさん想定しました。そして、それらが起こったときの対処法、やり過ごす、その場から離れる、うまく言い返すなど、いろいろ準備しました。

それらをお母さんからBちゃんにしっかりと伝えてもらいました。

一通り準備できたBちゃんは、お母さんと話をした翌日、学校に行くことができました。

お母さんからすぐ電話をいただき、「一人で学校に入っていきました」と教えていただきました。心配で、こっそり後ろをついていったそうです。帰ってきたBちゃんは、「疲れた！」と言ってお母さんに抱きつきに来たそうですが、これもカウンセリングで想定内。「お疲れ様！」と声をかけ、この日はちょっとだけいつもより甘えさせてあげました。

こだわりの強さとのつき合い方を身につける

Bちゃんはこだわりの強さや、特別苦手な学習範囲がありました。学習に関しては近所によい塾があればとおすすめしたのですが、一度塾に行って先生を嫌ってから、まったく行かなくなったそうです。

一見わかりにくいですが、こだわりの強さが学習の邪魔をしていることがあります。しかしこれは、よい先生（その子に合わせられる先生）に出会えれば、一気に解決できることが多いです。

Bちゃんのこだわりの強さも、生活や人間関係にいろいろな形で影響しているのですが、小学生〜中学生のうちに、そんな自分とのつき合い方を身につけてもらえたらと思っています。

嫌な気持ちになったとき、今までは相手にぶつけていました。しかしそれではうまくいかない。でもずっと我慢するのも限界がある。

ストレスへの対策をいろいろ用意して実践していくことは、将来必ずBちゃんを助けてくれるでしょう。

不登校をきっかけにして、生きづらさを感じている方が生きやすくなる術を身につける機会になればと思っています。

3 生活リズムを整えることで復学のきっかけをつかむ

不登校の子とかかわるときに、私が慎重に観察するのは、**①子どもの心の状態**、**②生活態度・生活環境**、**③親子関係**の三つです。

これらのうちどれかが崩れると、不登校という形で行動に現れることがあります。

小学5年生に上がると同時に不登校になったCくんの場合は、②の生活態度の乱れが大きな原因でした。

お母さんが相談にいらっしゃったのは、Cくんが不登校になって1年が経った頃。Cくんは普段1日中家にいて、タブレットでゲームをしたり動画を見て過ごしているとのことでした。

生活は完全に夜型で、夜遅くまでゲームをし、翌日起きてくるのはお昼前頃。完全に昼夜逆転状態です。

健康面も心配なので、動画視聴やゲームの時間を減らすように言うと反抗的になり、「ほかにやることないから無理！」と、親の話を聞くそぶりもありません。

「学校に行ってほしいのはやまやまですが、それ以前に昼夜逆転生活やゲームとのつき合い方など、生活を改善したいんです」とお母さん。確かにお話を伺う限りでは、まずは生活を整えることが第一歩で、勉強や復学についてはその後にするほうがよい状態でした。

朝起きられないから学校に行けない

Cくんの生活が乱れ、学校に行かなくなりはじめた頃、お母さんが先生に相談したところ次のように言われました。

「今は好きなようにさせてあげてください。元気になったら自然に登校できるようになりますから」

そこで、ご両親はCくんに登校を促すのをやめ、好きに過ごさせることにしました。ほしいものを与え、行きたいところに連れて行き、生活リズムの乱れについても目を瞑り……しかし、いつまでたってもCくんが学校に行く気配はありません。

もしかするとこのままずっと引きこもりになってしまうのではないかと心配になったお母さんが、カウンセリングルームを訪れたというわけです。

朝起きられないということで、起立性調節障害ではないかと診察も受けましたが、検査の結果その疑いはなかったそうです。

話を聞いて私は、Cくんの心の状態は大丈夫だと判断しました。心が疲れきっていたら、どこかに行きたいといった欲求もなかなか生まれません。Cくんは好きなことはできているし、食事も普通にしているので、精神状態には問題がないと思われました。

生活のリズムが乱れ、朝起きられないから学校に行くことができなくなったCくん。不登校が長期にわたっている現在では、もし登校したら同級生に何を言われるか心配になり、ますます足が遠のくという悪循環に陥っていました。

子どもを「親の話を聞ける」状態にする

人が考え方や習慣を変えるには、意志の力だけでは難しいことは皆さんも経験的にご存じでしょう。変わるきっかけとして何か大きな出来事に出会うとか、環境ごと変えるといった荒療治が必要です。

大人でも「明日から早起きするぞ！」と気合いを入れたところでなかなか続かないものです。ましてや子どもが、「明日から早起きするぞ！」「学校に行くぞ！」という意志だけで現状に立ち向かうのはハードルが高すぎます。

ですから、親の手助けが必要なのです。Cくんの場合、その手助けとは環境を変えることでした。

子どもの環境には、家庭がかなり大きな割合を占めています。家庭内の雰囲気や子どもへの対応を変えてあげることで、子どもはびっくりするくらい変わっていきます。

そこでまず、お母さんのCくんへのかかわり方を見直してもらうことにしました。

さきほど少し触れたように、Cくんはお母さんの言うことに耳を貸そうとしない状態でした。「ゲームをやめろ」とか「学校へ行け」と言われるのが嫌なあまり、親の言葉に耳を塞いでいたのです。
こういう場合、次の3ステップで関係を改善していきます。

ステップ①
1週間、子どもに注意したくても注意するのをやめて、関係性をリセットする。

ステップ②
次の1週間は、子どもが何をしてもニコニコと温かく見守って関係性を修復する。

ステップ③
伝え方を「お誘い口調」や「お願い口調」に変えて子どもの行動を促す。

このステップについて、詳しくは第2章でお話ししますが、**目的は親子の関係性をリセットして、子どもを「親の話を聞ける」状態にすることです。**

ステップ②が達成できたら、話し合いの場を設けてルールを決めます。少し妥協しながらルールを決めるのもコツです。

そのルールを守れるかどうかも、ステップ①〜②で親子関係を整えられたかどうかで成功率が変わってきます。

目指すのは「通学している場合と同じ」状態にすることです。朝は登校時間に間に合うように起きて身支度し、下校時間になるまでゲームや動画は禁止します。ちゃんとそのルールが守れたら、たとえば夕方5時から7時は自由に遊べる時間とします。

根気よく生活態度の改善を続けた結果、Cくんは2か月ほどで学校に行けるようになりました。

第 2 章

「学校に行きたくない」を乗り越えるための準備

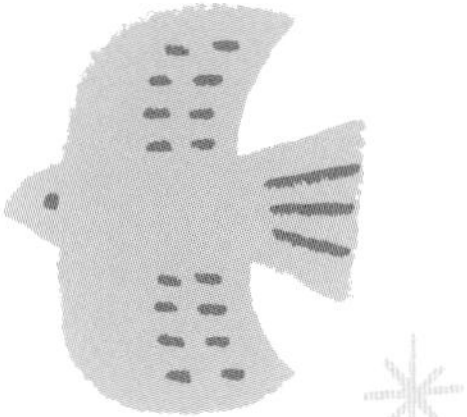

第２章では、不登校を乗り越えるために必要な、親子関係の再構築と子どもの状態の整え方についてお話しします。
紹介する３ステップでお子さんとの新たな関係性を築くことに成功すれば、復学はグッと近づきます。ぜひ一緒に頑張りましょう！

1 親子関係を再構築するための三つのステップ

不登校の相談にいらっしゃった親御さんは皆さん、「子どものために、私たちは何をしたらいいのでしょうか?」とおっしゃいます。

私の答えは、「**まずはお子さんの心身の状態を整えること**」です。

親御さんにお子さんの様子を詳しく尋ねると、学校に行かないこと以外にもたくさんの「心配のタネ」が出てきます。

「以前より元気がない」

「いつもイライラしている」

「スマホやタブレットばかりいじっている」

「寝るのが遅い、朝起きられない」

不登校の子どもはこうした状態にあることが多く、親御さんの心配も尽きません。

しかし、注意したり叱ったりするのは逆効果。むしろお子さんの心はどんどん閉ざされていってしまいます。ここはお子さんへの対応の仕方を変え、親子関係をいったんリセットしてやり直すことが大切です。

そのために有効な方法をこれからお話しします。

親子関係をリセットする三つのステップ

その方法は、第1章のCくんの事例でもご紹介した3ステップです。

❖ **ステップ①**

1週間、子どもに注意したくても注意するのをやめて、関係性をリセットする。

❖ **ステップ②**

次の1週間は、子どもが何をしてもニコニコと温かく見守って関係性を修復する。

❖ **ステップ③**

伝え方を「お誘い口調」や「お願い口調」に変えて子どもの行動を促す。

①まずはやっていたことをやめる（引き算）、②いったんその状態で落ち着くのを待つ、③新しくはじめる（足し算）。そう言い換えてもいいでしょう。

この3ステップでお子さんとの新たな関係性を築くことに成功したケースで、復学できなかった例は過去に一つもありません。それくらい重要なことなのです。

次節より、三つのステップについて詳しくお伝えしていきます。

2 ステップ① 子どもへの注意をやめて関係性をリセット

最初のステップは、「子どもに1週間何も注意しないで、関係性をリセット」です。

皆さんはこれまで、いろいろな言い方や方法でお子さんをよりよい方向へ導こうとしてきたと思います。

しかし、なかなかうまくいかないのは、今は何を言っても子どもには届かない状態だからです。

そこで、**ステップ①では注意をするのをピタッとやめ、「最低限のかかわ**

り」しかしない期間を作ることで、子どもとの関係性をリセットします。

子どもへのかかわりを最低限にする

「最低限のかかわり」とは、必要なとき以外は話しかけない、必要なこと以外は話さないようにするということです。

「指示」「注意」「催促」も不要です。つまり、「○○しなさい」や「○○はもうやったの？」といった声かけもしません。

具体的に例を挙げましょう。

「ご飯ができたよ」「おふろが沸いたよ」は必要な声かけですが、「早く食べなさい」「早く入りなさい」は不要です。

朝起きてこない、おもちゃを片づけないなど、普段なら叱ったり注意するケースでも注意せず、何も言いません。

すると子どもは、「あれ？　なんだかいつもと違うぞ？」と気づきます。

中には親が本当に怒らないのか試す行為をする子もいます。それでも叱ったり注意するのは我慢します。

どうしても我慢できないときは、そっとその場を離れましょう。トイレに逃げ込んで気持ちを落ち着かせるのもよいです。

できれば10日、少なくとも1週間、このように注意や指示をしない日々を送ります。

もし、途中で怒ってしまったらやり直しです。もう1週間延長して挑戦してください。

笑顔を絶やさず日常会話は控えめに

なお、**この期間は、日常的なコミュニケーションも控えめにするよう心が**

けてください。

なぜなら、関係性のリセットが必要なケースでは、これまで子どもに対して過干渉だったり過保護だったりしていることが多く、それを断ち切るためです。親の態度をガラッと変化させることでメリハリをつけ、何かが変わるんだということを、子どもにわかりやすくする効果も期待できます。

たとえば子どもがテレビを観ていたら、「何を観ているの？」「おもしろそうだね」などとつい話しかけたくなると思いますが、グッと我慢します。

ただし、話しかけないといっても、態度や表情が冷たい印象にならないように注意してください。いつも微笑みをたたえて、お子さんを優しく見守っているイメージでいましょう。

子どもから話しかけられたら笑顔で感じよく受け答えしますが、あくまで必要最低限の会話にとどめ、余計なことは言いません。

また、**ステップ①を実行している間は「忙しい」「疲れた」などのネガティ**

ブな言葉を口にするのもやめましょう。親のネガティブな言葉は、子どもの心のエネルギーを奪います。明るい人と一緒にいると気持ちが明るくなるのと同様に、ネガティブな人といると気分も沈んでしまいます。これを「感情伝染」といいます。

ステップ①がクリアできる頃、子どもは親に対して相当注意を向けているはずです。「怒るのやめたのかな？　今だけかな？　逆にこれからまとめて怒られるのかな？」などと考えを巡らせているでしょう。

子どもがこういう状態になることで、次のステップの効果が現れるので、ぜひ頑張ってください。

3 ステップ② 常に笑顔で接して関係性を修復

ステップ①がクリアできたら次のステップに進みます。**ステップ②では、子どもとの関係性を修復して信頼関係を築き、話を聞いてもらえるようにします。**

特別何か難しいことをする必要はありません。ただ、優しく接するということに専念します。大人だって口うるさい上司や、イライラしている上司とはなるべくコミュニケーションをとりたくないですよね。一方、優しい上司からのアドバイスなら、素直に受け入れられるでしょう。

親がイライラ・ガミガミしていたら、子どもだってかかわりたくないと思ってしまいます。

なお、ステップ①の「注意をしない」は、このときも継続します。

優しく接するのと、優しくなるの違い

優しく接してあげてくださいというと、よく勘違いされるのですが、「イライラしない」ということではありません。イライラは感情なので、セーブしたくても湧いてきてしまうことがあります。

重要なのは、子どもにそのイライラを見せないということ。演技でもよいので笑顔で接するということです。

子どもの前では徹底して優しい表情でいます。俳優になったつもりで、優しい親を演じることに集中しましょう。笑顔を見せて、お子さんを安心させ

てあげてください。

演技が下手でも構いません。たとえぎこちない笑顔でも、お子さんは笑っているお父さん・お母さんが大好きで、何より安心します。

ときにはイライラしすぎて優しくするのが難しいときもあるでしょう。そんなときは、そっと一人になれるところに避難してください。トイレでも車の中でも構いません。「お買い物してくるね」と言って、少し外に出るのもいいかもしれません。

もしイライラを子どもに見せてしまったときは、もう一度1週間の挑戦です。

そうして子どもから嫌な気持ちが消えたら、いよいよステップ③です。

4 ステップ③ 「お誘い」「お願い」で子どもを変える

最後のステップ③では、これまで気になっていた子どもの言動を一つずつ変えていくつもりで、かかわっていきます。

かかわり方の最も大切な点は、子どもへの指示を「お誘い口調」や「お願い口調」ですることです。

「お誘い口調」とは「〜しようか」、「お願い口調」とは「〜してくれる?」という口調です。これまでのように「〜しなさい」と命令するのではなく、優しくおだやかな態度で子どもの行動を促します。

そして子どもがお願いを受け入れて行動したら、必ず大いに喜び、感謝の気持ちを伝えます。

ここでのポイントは、子どもに対するセリフや声のトーンを事前に用意してシミュレーションしておくことです。怒ってガミガミ言う以外の言い方や言葉を身につけておかないと、ついいつも通りの反応をしてしまいます。

言い方を変えて何回かアプローチ

また、何かをしてほしいとき、一度言えば相手が動いてくれるとは限りません。何度も言い方を変えてお願いする心づもりでいましょう。

1回目

「○○しよっか？」と、優しく誘うような口調で言います。

❖2回目

少し急ぎで「そろそろ、しよっか～?」。終わらせる時間が決まっているなら「○時頃には済ませられるように、△時にははじめようか?」

❖3回目

今すぐさせるために「さぁやろう!」「さ! やるよ!」

それでも言うことを聞いてくれない場合、ショックを受けていることを「ガーン!」などとユーモラスに言葉で表現してみましょう。

こうなると、ほとんどの子どもは親の反応が面白くなり、喜んでふざけてきます。こちらも「お～ね～が～い!」などと大げさに頼みましょう。「イ～ヤ!」などとふざけて返してきたら、こっちのものです。自分の手のひらに「ハァ～」と息を吹きかけて、「ペンペンするぞ～?」などとアクションを交えて楽しく追いかけ回します。

ちょっと楽しんだのち、「さぁ、○○しよ～？」と改めて促してみましょう。

何回もアプローチし直す時間がない場合には、次のようにお願いするのも一法です。

「ごめんね、急がせて悪いんだけど、今すぐ○○してもらえると助かるの。ごめんねー」

「急でごめん！　○○してもらっていい？　ごめんね！」

低姿勢で手を合わせて、お願いしたい行動の前後に「ごめんね」を入れてお願いします。**お願いなどの要求を「ごめんね」や「ありがとう」で包む、この「サンドイッチ法」はよく効くので、ぜひ試してみてください。**

5 生活態度の改善①　ゲームや動画を約束の時間にやめさせる

ステップ③は、言い換えれば「育て直し」のステップでもあります。

育て直しといってもこれまでの育て方が悪かったとか、間違っていたということではありません。一度これまでの子育てで築いてきた関係性や習慣などをリセットして、「今」のお子さんにとって必要なことを、「今」のタイミングで、新しいかかわりの仕方で伝えていくということです。

不登校には、生活態度・習慣や環境が大きくかかわっています。改善することで子どもも真に元気な状態になり、学校に行く準備も整います。

ゆっくり一つひとつ、よい方向に導いていきましょう。

子どもの生活態度に関して親御さんからの「困った」という声が多いのは、スマホやタブレットで動画を見たり、ゲームをしたりすることがやめられないというものです。

「夜中の12時になってもやめない」「食事中も見ている」「やめなさいと言うと、すごく反抗的になる」など、たくさんのお困りの声を聞いてきました。

そんなご家庭におすすめしているのは次の方法です。

命令ではなく提案する

たとえば夕食前にゲームをやめさせたいときなど、声かけの仕方は原則、「指示・命令形」ではなく「お誘い・提案型」にします。

具体的には、「もうすぐご飯だから、そろそろゲームやめよっか〜?」と提案します。子どもの反応を見ながら「どれくらいでキリよくやめられそう?」と聞いてみます。

「あと10分」「6時半ぐらいかな」などという答えが返ってきたら、「わかった!」と気持ちよく返事をしましょう。了解したからには、その時間までは笑顔で見守ってあげてください。

約束した時間が来ても5分は我慢。5分経ってもやめなかったら、「さぁそろそろやめるよ〜」と声をかけてみましょう。

それでもやめる気配がないなら、「怒れてきたぞ〜」とわざと怖い顔をしてみせます。本当に怒るのではなく、笑いのオブラートに包んで「やめてほしい」気持ちを伝えます。

まだダメなら、「強制終了」です。これもやはり怒るのではなく、じゃれて遊んでいるときのように、「強制終了〜」と笑いながら子どもの腕を持ってゲーム機を下ろさせ、やめさせます。

声かけにまったく返事がなかったり、強制終了に対してひどく抵抗するなどの態度が見られたなら、ステップ①〜②の関係性のリセットと再構築がうまくいっていないのかもしれません。ステップ①に戻ってのやり直しを検討します。

ここまでの説明を聞いた親御さんから、「『何時にやめる』という約束を破っているのに、怒らなくていいんですか？」と質問されることがあります。

確かにそれは一理あります。しかし、今回の目的はゲーム時間などの管理です。親子の関係を悪くせずに管理ができるなら、それに越したことはありません。

どんな内容であっても子どもとのコミュニケーションを笑顔で行うことができれば、親子の関係性はよくなります。また、そのように育てられたお子さんはきっと自分自身もコミュニケーション上手になるでしょう。

6 生活態度の改善② 夜ふかしと朝寝坊の問題解決法

続いてはやはりご相談が多い、夜ふかしと朝起きられない問題です。

一般的にはどちらかで悩んでいるというケースは少なく、夜ふかしと朝起きられない問題はセットになっていることが多いです。

どちらから手をつけるかですが、私は「朝起きられない問題」を先に解決することをおすすめします。

夜ふかしをやめさせるのも、朝決まった時間に起きられるようにするのも、どちらも苦労するのに変わりはありませんが、1日のリズムをいわゆる

「朝型」にすることによって、夜は自然に遅くまで起きていられないようになることを狙います。

朝の起床

まずはお子さんと二人きりで話し、起きる時間を一緒に決めます。「〇ちゃんは今何時頃に起きてる？」「そっかぁ。〇時よね。自分ではどう思う？」「お母さんは〇ちゃんに、学校に行くときと同じ時間に起きてほしいなと思うんだけど、どうかな？」という流れで聞いてみます。

素直に了解してくれるようでしたら「ありがとう」と喜びましょう。そして「じゃあ何時に起きようか？」と聞き、お子さん自身に考えてもらいます。お母さんの希望通りの時間でなかったとしても、妥協できる時間であれば「OK！　ありがとう！」と受け入れて、一緒に目覚まし時計をセットしましょう。

子どもは「学校に行かせられるのではないか」といった不安から、早く起きることに抵抗を感じて黙ってしまう場合があるかもしれません。そんなときは「じゃあ○時に起こしたいんだけどどうかな？　起きてくれるかな？」と優しく聞いてみてください。ステップ①～②がスムーズに行われていれば、ここで拒絶されることはまずありません。

子どもが渋っていたら「お願い！」と笑顔で約束を取りつけ、目覚まし時計をセットします。

ここで注意するのは、約束したのは起きる時間であって寝る時間ではないことです。寝る時間は自由ですので、夜に「早く寝ようね！」などの声かけをしないように気をつけます。

翌朝、目覚まし時計が鳴ったら子どもが目覚めて自分で止めるまで待ちます。子どもが目覚ましを止めた瞬間、間髪入れずに「おはよう！」と声をかけます。あとはニコニコ笑顔でそばにいて、起き上がるのを待ちましょう。

ベッドから出てきたら、「おはよう！ ちゃんと起きられたね！」など「あなたはやればできる子」というメッセージが声や表情から伝わるように声をかけます。子どもは親からこのように励まされるのが大好きですので、とても嬉しい気持ちになります。

祖父母や知り合いなどと話しているときに、わざと子どもにも聞こえるように「この子、毎朝自分で目覚まし合わせて○時に起きてるんですよ」などと褒めてもよいでしょう。朝起きることと起きたときの嬉しい感情がリンクして、時間通りに起きることがポジティブな印象になり、起きる意欲につながります。

寝る時間を決めていく

起きる時間を決めて1週間から10日ほど経ったら、同じ要領で夜寝る時間を決めます。

楽しく寝られるように、ベッドに入る30分～1時間くらい前に子どもとの交流の時間を持ちましょう。絵本を読んだり、お話をして過ごします。

子どもに寝てほしい時間には親も寝るようにするとさらによいでしょう。寝る時間と起きる時間が整えば、生活はかなり健康的になり、お子さんの表情も明るくなってくるはずです。

気をつけなければいけないのは、病気が原因となって朝起きられない場合があることです。「起立性調節障害」といって、自律神経の機能不全により、立ちくらみや失神、朝起きられない症状などが出る病気です。

朝がひどく弱く、生活習慣や甘えなどの精神的なものが原因ではないと感じるのであれば、一度医療機関で診てもらうことも検討しましょう。

7 生活態度の改善③ 挨拶、返事、感謝の言葉を欠かさずに

お子さんとの会話がない、話しかけても返事がないなど、コミュニケーションに悩んでいる親御さんも大勢いらっしゃいます。

黙ってゲームをしたり動画を見ている時間が増え、気づくと「今日はまだ子どもの声を聞いていない」ということも。

放っておくとますます円滑なコミュニケーションができなくなってしまう恐れがあるので、**親御さんのほうからまず挨拶を欠かさずするようにしましょう。**

「おはよう」「おやすみ」「いただきます」「ごちそうさま」「行ってきます」「行ってらっしゃい」「おかえり」など、お子さんはじめ家族に対して欠かさず挨拶するようにします。子どもは必ず親を見ています。親がしていないことをさせようとすると反抗心が生まれますが、親がやっていれば実践しやすくなります。

ささいなことでも「ありがとう」を忘れない

次に、**ささいなことでも必ず「ありがとう」を添えるようにしてみましょう。**

たとえば「今何時?」とお子さんに聞いて、「○時」と答えがあったら「ありがとう!」。質問に答えてくれたことへのお礼です。

お子さんが「雨降ってきたよ」と教えてくれたら、やはり「ありがとう!」。

教えてくれたことを感謝します。

また、「お母さん」「ママ」と呼びかけられたときは「何？」と返すのではなく、気持ちよく「はーい！」と返事をしましょう。「何？」というのは、声や表情によっては怒られているように感じる子もいます。

この二つが実践できれば、ずいぶん気持ちのよい会話ができるようになっているはずです。

8 生活態度の改善④　家庭でも学校と同じタイムスケジュールで過ごす

最後に、学校に行かない場合の家庭での1日の過ごし方について考えていきます。

結論から申し上げると、**お子さんには学校に行っているのと同じタイムスケジュールで過ごさせるようにしましょう。**

朝は学校に間に合う時間に起きて、ごはんを食べ、身支度します。

登校時間から下校時間までは、ゲームやスマホは禁止です。授業時間はドリルなど自習できることをするか、読書時間にあてましょう。休み時間には休憩しますが、テレビはNGです。お昼寝もお昼休みの時間にするのであればいいですが、基本的にはしないほうがいいです。

これらのルールを一つずつ、これまでと同じ要領で決めていき、実践させましょう。

帰宅時間以降の過ごし方

さて、放課後の過ごし方は、各家庭で決めてもらってよいですが、お子さんとの接し方については次のことに注意してください。

見守るときは常に笑顔で。イラッとしても我慢が必要

これはお子さんが不登校かどうかには関係なく大切なことです。特に日中を予定通りに過ごせるかどうか不安定な状態のお子さんに対しては「笑顔で

いること」を心がけてください。そして、日中以外はしっかりと休んでリラックスできるようにしてあげてください。

❖勉強や友だちのことなど学校に関連する話を親からしない

学校に行けない・行きたくない状態のお子さんは、普通に見えてもやはり勉強や学校の友だちに関することにはナーバスになっていることが多いものです。ですから、子どもが自分から話してきたことに関しては、気持ちよく聞いてあげますが、親から話題にするのは控えましょう。

さて、第3章では復学を目指すための具体的な注意点をご紹介します。もしその途中でお子さんが不調を訴えたり、お子さんとの関係がうまくいっていないと感じたら、この第2章に立ち戻って言葉のかけ方や行動を見直してみてください。

第3章

スムーズな学校復帰を実現するためのポイント

いよいよ復学に挑戦です。第3章では復学を目指す場合のかかわり方と、登校の前日や当日に起こりがちな困りごとへの対策をお話しします。スムーズな学校復帰を実現するために、参考にしてください。

1 子どもが「学校に行ってみよう」という気になるかかわり方

ここからは、復学を目指す場合のかかわりについてお話しします。その前に、第2章でお伝えしたかかわりがうまくいっているかどうか、チェックをしておきましょう。

①親子関係のリセットについて

- 子どもの表情は明るいですか？
- 声を出して笑っていますか？

- 素直に返事や挨拶ができますか？

②生活習慣について

- ゲームや動画を見る時間のルールは守れていますか？
- 起きる時間と寝る時間は規則正しいですか？
- 決めた時間、机の前に座っていられますか？

お子さんが心身ともに健康な状態であれば、いよいよ復学に向けてのかかわりを開始します。焦ってここまでの準備をおざなりにすると、ここからのかかわりが失敗する確率が高まってしまいますので注意しましょう。

復学のきっかけをつかむための会話の仕方

準備が整ったら、不登校の生活から学校に登校する生活に切り替えるきっかけになるかかわりをしていきます。

まずは1対1で話せる場所に子どもを連れていきます。**1対1というのが大切です**。改まって話すときに大人が二人以上いると、それだけで子どもにはプレッシャーになり、話に集中できなくなるかもしれません。

また、複数の大人の間で意見が食い違ったりする可能性もありますし、大人が口を挟む回数が増えて、子どもの話すタイミングを奪ってしまうこともあります。1対1は必ず守っていただきたいルールです。

さて、子どもと二人きりになったら、まずは「最近○ちゃんはどうやって1日を過ごしてる？」と聞いてみます。

1日の生活について子どもに話してもらいながら、「朝は何時に起きてる？」「何時に寝てるかな？」というように、改善した生活習慣についても触れていきます。

子どもが「○時に起きてる」と言ったら「素晴らしいね！」といった声か

けをして、規則正しい生活を送れていることを確認していきます。

次に「ほかの子たちはどうしてるかな？」と質問して、子どもが「学校に行ってる」というような答えを言ったら、「そしたら○ちゃんも行こうか！」と声をかけます。子どもが「うん」と言えば、「じゃあ明日から行こう！」と言って、一緒に準備をしましょう。

質問に対して子どもが「う〜ん」などと考え込んだり答えるのを渋ったら、「どうしてかな？」と尋ね、子どもの返事がなければ「考えてみてね」と声をかけて、いったん話は終わりにします。

2〜3日後、もう一度二人きりになり、「あれから学校のこと、何か考えたかな？」と質問してみます。子どもが「学校に行く」とならないときは、「お母さん（お父さん）は学校に行ってほしいな」という親の素直な気持ちと、「○ちゃんの将来を考えると、お母さん（お父さん）は学校に行ったほうがいいと思う」という親としての考えを伝えます。

このとき、「学校に行かないと心配」とか、起こってもいないのに悪い未来予測をするなど、無駄に不安をあおる表現はしないほうがよいです。そのような言葉は親が思う以上に子どもの心に残り、今後、人生のいろいろなシーンで不安を生み出すなど不都合に働くことがあるからです。

また、「お母さんが心配なだけでしょ。私は大丈夫だから」と、親と子の感情の不一致が話を脱線させてしまう恐れがあります。

感情論にならずに話を進めていくには、「こうしてくれたらお母さん（お父さん）は嬉しい」という親の希望と、「あなたの将来のために学校には行ったほうがいいとお母さん（お父さん）は考えている」という教育方針をきっぱりと伝えることです。会話はもちろん穏やかな表情と声で行い、子どもを急かしたり、詰問調にならないように気をつけます。

ここまでに親子の関係性がしっかりとよくなっていれば、子どもはたいてい「うん」と言ってくれます。

親を素直に大好きと感じられる気持ちが育まれていれば、自分がちょっと無理をしてでも親の笑顔を見たい、喜ばせたいと思うものです。また、これまでのかかわりで子どもの心は少し成長しており、親を労わる気持ちも芽生えてきています。そして、自身を客観的に見たり、物事を現実的に考えて冷静に判断する余裕も持てるようになってきているはずだからです。

お子さんの返答に変化がないようなら、第2章の課題がクリアできていないかもしれないので、いったん立ち戻り、確認してみてください。

親子で楽しく作戦会議をしよう

学校に行くことになったら、いつから行くかという話をします。あまり先ではなく、数日後を目安にしましょう。日があきすぎるとあれこれ考えて不安になってきてしまい、ストレスが子どもの足を引っ張りかねません。話をしたのが週末であれば、「月曜日から行こう」と提案します。

子どもから「時間割がわかんないよ」というような返事があれば、「時間割は誰に聞いたらわかる？」など子どもに聞きつつ、一緒に解決してあげましょう。

ここは勢いが大事です。親もテンションを上げて、**楽しい作戦会議をしているかのようなワクワク感を子どもが感じられるように話を進めていきます。**親と遊び感覚で計画を立てる行為が楽しい、親がとても楽しそうだから自分もつられてなんだか楽しい、親の嬉しそうな表情を見ると嬉しい……という気持ちが湧き出すことで、学校へ行くことに前向きになれるはずです。

2 苦手なクラスメイトにはどう対処する？

学校に行きたくなくなる原因の多くに、友人関係のトラブルがあります。しばらく休み、勇気を出して学校に行ったのにまた嫌なことがあったらどうしようと躊躇する子どもの気持ちは十分に汲み取ってあげたいものです。

学校に行くという話になったら、子どもに「心配なことはあるかな？」と聞いてみましょう。

たとえば苦手なクラスメイトに「嫌なことを言われる」といった話が出てきたら、お子さんと一緒に対処法について考えます。

クラスメイトに嫌なことを言われたときの対処法

対処法については、次のように会話を進めてみてください。

「嫌なこと言われるってどんなこと？」

「〇ちゃんて絵が下手だねとか……」

「そうなの。そんなこと言ってくるんだね。それは嫌だよね」

まずは共感し、話を続けます。

「そう言われたとき、前はどうしてたの？」

この質問に対する子どもの回答はいろいろ考えられますが、答えは大きく3種類に分類できるでしょう。

それは①「**攻撃的な反応をする**」、②「**主張せず耐える**」、③「**自分と相手の双方を尊重・配慮して対応する**」の三つです。なお、親からの質問に対して答えない（無回答）場合もあります。

子どもの回答がどのパターンでも、親がすべきことは受容と共感です。

たとえば、言い返すなど「攻撃的な反応をする」子には、「そうなんだ、すごいね！ 自分が言いたいことをちゃんと言えるんだね！」とまずは共感し、そのときの友だちの反応はどうだったか尋ねます。そして、「今ならどうしようと思う？」と質問します。

嫌なことがあっても我慢して何も言い返さず「耐える」子にも、「そうなんだ、えらいね！」と共感し、「じゃあ、もし黙っていないで何か行動するとしたらどうする？」と水を向けます。

③の「自分と相手の双方を尊重・配慮して対応する」のはとても適切な方法です。しかし、だからといって望ましい反応が友だちから返ってくるとは限りません。

友だちからの嫌な反応が予想されれば、「そのときはどうする？」と尋ねてみて、途中で「わからない」というようなことになれば、「そっか、じゃあちょっと考えてみて」と考える時間を与えます。

質問に答えてくれない子にも、一度自分で考えてみることを促す声かけをします。

このように、お子さんにも自分でいろいろと考えてもらい、シミュレーションを行います。

トラブルが起こっても大丈夫なように準備する

さらに、「嫌なことを言われたとき、どんな気持ちになる？」などとちょっと踏み込んで、そのときの感情を具体的に考えさせます。

「ズキッとする」などの表現を子どもがしたら、イジワルをしてくるクラスメイトにその心の痛みをどうやって伝えようか、ここでも言い方のシミュレーションを行います。

「嫌なことを言ってくる子に、『ズキッとするなぁ』って言ったらその子は何て言うだろう？」
「『傷ついた』って言ったらどうだろう？」
「『ひどーい！』って少しふざけて言い返したら？」

こうして三つくらい言い方を考えておきます。でももちろん、そう答えなくてはダメということではありません。

ポイントは、何か嫌なことがあっても対処できる術を子ども自身に身につけさせることです。

「トラブルは起こらない」と言って安心させようとするのではなく、「起こっても大丈夫」なように、対策について子どもときちんと打ち合わせをしておきましょう。そうすれば、「何かが起こってもなんとかなる」と子ども自身が思えるようになります。

そのためにも、「こうしたら？」「ああしたら？」というように指示的にならないように気をつけます。指示されていては自分で対処できるという自信がつかず、逆にいざというときを想像するだけで不安になってしまいます。

3 登校予定の朝、起きられなかったときは？

登校予定の朝、時間になっても起きてこない……。親御さんとしては落胆しますね。

けれどもあきらめるのはまだ早い、これは想定内の出来事です。

予定より遅くなっても、お子さんが起きてきたら「おはよう！」と気持ちよく声をかけ、朝ごはんを食べたら「さぁ、行こうか！」とにっこり笑って学校に向かわせます。

子どもが「でも、時間過ぎちゃったし……」と言っても「うん、そうだね！」

と返すだけで登校準備を進めます。「大丈夫よ」などと言いくるめようとしないでください。

子どもはこれまで、何かしらの理由で学校に行きたくないと思い、行っていないわけですから、学校へのイメージは決してよいものではないでしょう。「大丈夫」と言われても本人は決してそうは思えないはずです。

復学予定当日の朝を迎えたほとんどの子どもが行き渋るのは、当たり前だと考えてください。

ですが、これまで子どもの「行きたくない」に親が従ってきたパターンを繰り返してきているので、そのパターンを破って子どもの背中を押してあげることが大切です。

親子関係の再構築を行った結果、子どもたちは、「少し自分を信じてみよう」「親のためにちょっと頑張ってみよう」と思っているのです。

ただし、背中を押しても大丈夫かどうか、判断のポイントが二つあります。

一つは、第3章第1節で述べたように、親子の関係性をしっかり構築できていること。もう一つは、不登校の原因が学校でのイジメや嫌がらせといった、外部環境にあるものではないと確認できていることです。

この二つができていない場合は、無理をさせる前に問題を解決する必要があります。

たとえ遅刻でも車送迎はしないのがベター

「先生に怒られる」「友だちに何か言われる」という不安を口にしていたら、「うん、どうかな？　何て言われそう？」と、想定される言葉への対応を考えます。

ここで早く行こうと焦り、話を聞くことや考えることをないがしろにしてとにかく学校に向かわせようとすると失敗します。焦らないことが重要です。

なお、いくら時間が遅くなっても、また、子どもが車で行くのを望んでも、車での送迎は今後のことを考えるとしないほうがよいでしょう。

車はプライベートな空間ですから子どもにとって安心感がありますが、車で送ってもらえないときに登校のハードルが上がってしまいます。

4 当日に「やっぱり行けない」と言い出したら？

登校予定日の朝に「やっぱり行けない」と子どもが言い出すことも想定されるトラブルです。

そういう場合は慌てず騒がず、ニコニコと優しい笑顔で「ううん。行くよ」とひと言言ってまずは待ちます。

子どもの隣に寄り添い、10分から数十分待って「さぁ、行こう！」と声をかけ、子どもが動き出すのを待ちます。動かなかったら、また10分待って「さぁ、行こう！」と声をかけるのを繰り返します。

子どもの体が少し動いたら間髪入れずに、「えらいえらい！　さすが！」と、学校に行く第一歩ととらえて褒めます。

動き出さないときは、子どもの背中を優しくさすりながら、笑顔でさらに数十分待ちましょう。人は不安になると焦りからおしゃべりになる傾向がありますが、逆効果ですので余計な口はきかずじっくり待ちます。

背中をさすって、「さあ行こう」と言いながら「よっこいしょ」と動き出すのを手伝います。ゆっくりゆっくり介助をするような心持ちです。

このとき「○ちゃんはえらいね！　頑張り屋さんだぁ、いい子いい子」と優しく静かに唱えます。「お母さんは○ちゃんが大好きだよ、○ちゃんには力があるよ、○ちゃんは優秀」と何度も声かけをしながら学校に連れて行きます。

このタイミングではこのように、頑張って背中を押すことが基本です。ただし、**次のようなときには登校を見送る判断が必要かもしれません。**

まず、「死ぬ！」などと命を盾にしてきたときや、走り出すなど危険行為をしようとしたときは、何かあってはいけないのでひとまず保留です。

学校や先生のことに関して、初めて聞く話が子どもの口から出てきたときも、場合によってはいったん保留としたほうがよいかもしれません。

子どもの顔色がこれまでにないほど青ざめていたり、沈痛な表情をしているなど様子がおかしいときもいったん中止します。

親（自分）が感情的になってしまったときも、保留の対象です。

なんとか登校できても、子どもの様子が微妙で判断がつかない場合は、一緒に教室までついて行き、子どもが安心できるまで教室の外で立っていてあげられるといいでしょう。ですからできれば事前に、学校長や担任の先生に付き添いの許可を取っておくとよりスムーズです。

事前に担任の先生とも打ち合わせを

お子さんが歩き出したら、学校に電話するふりをします。明るい声で「遅くなってしまいましたが、今から参ります」「あ、そうですか、問題ない。ありがとうございます！　遅刻なので本人も心配してたんですが、よかったです！」と子どもに聞こえるように話し、電話を切って「〇ちゃん、先生が来てくれるの嬉しいって。遅刻しても来るってすごいねって褒めてたよ！」などと先生が歓迎してくれていると伝えます。

このあたりは事前に担任の先生と打ち合わせをしておくとよいでしょう。状況によっては遅刻する可能性があること、電話連絡もできないかもしれないこと、遅刻をしても登校したらテンション高めで迎え入れてもらいたいこと、「大丈夫？」など子どもを気遣う言葉は一切言わないようにしてもらいたいことを先生には伝えておきましょう。

車に乗るときに子どもに「酔ったら言ってね」などと言うと酔いやすくなるのと同じで、気遣われていることを感じ取った子どもは、自分でも「無理」な気になってくるからです。

不登校だったことなどなかったかのように、ごく自然に「○ちゃんおはよう！ではお母さんさようなら！」と簡単な挨拶だけで教室に連れて行ってもらえるように打ち合わせしておきます。

そしてお母さんも、「おはようございます！よろしくお願いします！」と言うだけでさっさと姿を消しましょう。

この後、保健室などには連れて行ってもらわないようにしましょう。授業中でもスッと教室に入れれば、注目を浴びるのはそのときだけであとは自然に溶け込めるものです。

別室登校はできれば避ける

別室登校についても触れておきます。

いったん保健室などに別室登校すると、そこから抜け出せなくなってしまうことが多いので、当日そうならないように、「ご配慮ありがとうございます。うちの子は、教室にそのまま入れていただけたらと思います」などと事前に打ち合わせをして丁寧にお願いしておくことが大事です。

別室登校が悪いというわけではないのですが、「この子は教室に入れそうだけどな？」という子に、先回りの気遣いで別室登校を促すのはとてももったいない気がしています。

また、別室登校は子どもからすると、いつまでそこに通えばいいのかわからないため長くいてしまうケースが多く、卒業まで別室ということもあります。

せっかく復学というハードルを一つ越えたのに、もう一つハードルができてしまいます。

先生には、子どもを教室に案内するとき、それが当たり前であるかのように、「さ、行こうか」と笑顔で誘導してもらいましょう。

5 登校予定日は朝の声かけに注意

登校予定の日の朝、声かけに失敗したという話を親御さんからよく聞きます。

子どもの不安な気持ちに寄り添おうとして「どう？今日は学校に行けそう？」と声をかけたら、「ちょっと無理かもしれない」と言われ、返事に困ったというのです。お子さんの気持ちを鑑み、その日学校に行かせるのは断念した、という方もいらっしゃいます。

子どもが不安を感じているのは当然です。そこへ「どう？」と聞かれたら子どもも自分の心の中の不安を再確認してしまいます。**こうした質問や声かけは、子どもの心がくじけるスイッチになりかねません。**

それよりも、当日の朝は我が子を信じて、「さあ、行くよ！」と明るく声をかけてあげてください。

子どもは登校することに不安を感じつつも、一方で「嫌だけど、怖いけど、学校に行きたい。行ったほうがきっといいはず」と考えているはずです。明るくエールを送ることで、お子さんの勇気を引き出してあげましょう。

「お昼に帰ってこようかな」「午後から行こうかな」などと言い出したときも同様です。気遣った返答をする必要はありません。ただし、無視するのではなく、ニコニコしながら聞き流しましょう。

返事を求めてきたら「う〜ん……」と考えるフリをしてはぐらかしてください。そして予定通り学校に行く準備を進めましょう。

6 学校復帰した日の子どもへの声かけ

久しぶりの登校を終えて、お子さんが帰ってきました。

「お疲れさま〜！　おかえりー！　○ちゃんが帰ってくるの、ワクワクして待ってたよ！」と、最大級に喜んで迎え入れてあげてください。

思わず「頑張ったね！」と言いそうになりますが、それは我慢。**「頑張ったね！」は、学校は頑張らなくてはいけないところのようなイメージを植えつけることになるので避けたい言葉です。**

「頑張ったね！」と言う代わりに、親御さんが目一杯の笑顔でものすごく喜ぶことで、お子さんは学校に行けた満足感と達成感、充実感を味わうことができます。

なお、お祝いごとのような特別感は必要ありません。なぜなら「学校に行く」のはあくまで日常だからです。特別なおやつや食事、ご褒美などは不要です。

帰宅した子どもに学校に関する話題は避ける

また、「学校はどうだった？」「宿題は？　時間割は？」など学校や友だちについて尋ねることも絶対にしてはいけません。

聞きたいことがあっても、今は親のほうから聞いてはいけません。**子どもから話をしてきたとき、子どもが話したいことだけを聞きます**。親御さんはうなずきと相槌に徹してください。「明日も頑張ろうね！」「明日も学校だね！」など、親御さん自身の不安から子どもに念を押すような言葉がけをしないように気をつけてください。

もう一点、帰宅後は子どもの前で先生と電話してはいけません。先生と親が電話で話しているのを見ると、子どもは自分の知らないところで両者がつながっている、情報を交換していると感じて、どちらにも素直に話せなくなったりするなど、不都合なことが生じがちです。

先生には子どもがいないところで電話をして、気になっていることや学校での様子をしっかりと聞き、家に帰ってきたときの表情や家での様子を報告しておきましょう。

気になっても聞かないほうがいいこと

不登校への対応において、親が子どもに自分の関心に任せて話しかけるのはプラスにならないことが多いです。

親御さんは、ゆったりのんびりできる家庭環境を提供し、子どもが話し出したらどんな些細なことでも喜んで耳を傾けましょう。

一緒にテレビを観ているときは、時間を共有しているのがとても楽しいことを伝えるために、「楽しいね～？」「おもしろいね～？」「○ちゃんとテレビを一緒に観てるの楽しい。あー幸せ」など感じていることを素直に言葉にします。

子どもがゲームの話など子ども自身の趣味や好みの話をしてきたら、「そうなの？　へー、それでそれで？」と興味を持っていることが伝わるようにわかりやすく反応しましょう。

「お母さんわかんないわ」などと言うと子どもは突き放されたように感じますから気をつけてください。親が知りたいこと、たとえば学校のことや勉強のことは興味津々で根掘り葉掘り聞いてくるけど、ゲームや遊びの話は無関心、といったことにならないよう注意しましょう。

7 途中で帰ってきたときのかかわり方は？

登校はしたものの、途中で帰ってきてしまった場合はどのようにかかわればよいのでしょうか？

決して嫌な顔はせず、不安や動揺を気取られないよう意識して、ともかく笑顔で「おかえり！　お疲れさま！」と、ごく自然に接してください。

学校に行っただけでも素晴らしいこと、ありがたいことだと考えましょう。しばらくはちゃんと学校に行くだけでもありがたいと思って見守ります。

数週間しても同じような状態なら、かかわり方の見直しをします。途中で帰ってくる理由が思い当たらなければ、「○ちゃん、今日○時に帰ってきたのはなぜかな？」と聞いてお話をします。

理由があるなら、対応を想定して準備します。実際にあったケースでは、友だちに何か言われて嫌になって帰ってきてしまった子がいます。想定していたことではあるのですが、やはり心が折れてしまいました。そういう場合はもう一度、対応を一緒に考えてまた挑戦しましょう。

また、単純に自分は特別で、途中で帰ってよいのだと勘違いしていることもあります。その場合は、「じゃあ明日は5限授業だからおうちにつくのは○時くらいだね。お母さん、○時におうちのどこかに隠れているから帰ってきたら探してね！」などと約束の時間に帰ることを楽しみにできるような工夫を考えることも一法です。

ここで、「○時まで学校にいなきゃだめだよ」と諭すのは確かに正しいことですが、3回くらいは寛容に接し、4回目で真面目に話し、5回目で叱るというかかわり方をしていくほうが、関係がこじれません。子どものコミュニケーション力や人格形成にもよい影響を与えます。

もちろん、無理をさせてもよいということではありません。不登校になったのは、それがその子にとって必要なことだったからです。だから無理をさせずに過ごす時期は必要です。仕切り直して頑張るのは、十分に休んだ後の話です。

なお、帰宅後は自由に過ごさせるのではなく、できれば残りの教科を家庭でやるようにしてください。第2章第8節で、学校に行けない間も家庭で学校に行っているのと同様に過ごさせるようアドバイスしましたが、あの要領です。

8 復学した後で気をつけること

お子さんが復学できると、みなさん本当に嬉しそうに報告しに来てくださいます。そして口を揃えて「やっと一安心」とおっしゃいます。これまでの労力を考えると、それは当然です。

しかし、ここで最後のひと踏ん張りが必要です。

学校に行くようになったからと、お子さんとのかかわりに注意を払わなくなると、登校している現在より不登校のときのほうが親は優しくしてくれた、かまってくれたと子どもが感じてしまうかもしれません。そうすると、子どもの「親に愛されたい」という本能が、また以前の状態を求めることがあるからです。

不登校などの問題のないときにこそ、子どもとしっかりかかわって、「今、とても気持ちよく過ごせているな」と感じさせてあげてください。

子どもの心をエネルギーで満たす愛情表現とは

親御さんは子どもに無関心ではなく、むしろとても大事に思っているのに子どもは愛情不足に陥っており、心が満たされていないということがあります。親の愛情が子どもに伝わっていないケースです。

愛情不足を感じていると、子どもの心のエネルギーはどんどん低下してしまいます。

どうすればよいのでしょうか。

実は、たくさん話しかけたり、世話をしたりすることが愛情の表現ではありません。**子どもに愛情を伝える鍵は、「あなたの存在がそこにあるのを私は知っていますよ」というメッセージを送ることです。**このかかわりを交流分析の心理学では「ストローク」と呼びます。

具体的には次の三つが挙げられます。

①目で追う
②耳を傾ける
③笑顔を向ける

子どもが一人で、もしくはお友だちと遊んでいる間、親はテレビやスマホに夢中になるのではなく、ときどき子どもに視線を向けましょう。できれば子どもといるときはスマホを見ないほうがいいです。

子どもが話しかけてきたら、子どものほうを向いて、目を合わせてハッキリと返事をします。子どもの話を聞くときも、何かをしながらではなく、手を止めて子どものほうをちゃんと向きます。どんな話でも同様です。

そして、子どもに対して「あなたが大好きだよ。あなたといることが嬉しいよ」という気持ちが伝わるように笑顔を向けましょう。最低限でも「おはよう」など挨拶をするときは、欠かさず笑顔を向けるようにします。

第4章

「学校に行きたくない」子が変わる毎日のかかわり

「学校に行きたくない」というのは、心に元気がないことの現れでもあります。
子どもの心を元気で満たすには、親からの愛情が不可欠。
また、何かあったときいつでも避難できる親・家庭という「安全基地」が子どもには必要です。

1 子どもの不安を取り除くため親は「安全基地」になろう

子どもは、毎日同じように過ごしているかに見えて、実は日々新しいことに挑戦しています。

新しい本を読んだり、新しい場所に行ってみたり、新しい友だちを作ったり。これらすべては「挑戦」です。

一度不登校になった子が再び学校に通うようになるのも挑戦です。

しかし、中には挑戦できない子もいます。

挑戦できない理由は大きく二つあります。失敗が怖いか、挑戦するのに必

要な心のエネルギーがないかです。

ここではまず、失敗が怖い理由について考えます。

なぜ失敗が怖いのか——何か不安があるとき、その理由の多くは親にあります。

親が悪いということではなく、挑戦したことがうまくできなくて大好きな親にがっかりされたくないのです。親には褒めてもらいたいし、笑顔でいてほしいと子どもの本能が求めています。

挑戦して失敗したら親にがっかりされるのが、たまらなく辛いのです。

これが子どもにとっての不安の要因です。

親はその不安を取り除いてあげましょう。

「安全基地」であるために気をつけたいこと

子どもの不安を取り除く方法は、親が子どもにとって絶対安心できる「安全基地」になることです。

子どもが挑戦するときには笑顔で送り出してくれる。失敗しても「お疲れさま」と温かく迎えてくれる。こんな安全基地があれば、子どもはいつだって何をも恐れず挑戦することができるようになります。

逆に、挑戦しようとする子どもに対し、「どうせ失敗する」とか「やめたほうがいいのに」といったネガティブな言葉を投げかけたり、失敗したときに「だから言ったのに」「またか」とがっかりしたり怒ったりしたら、絶対に「安全基地」にはなれません。

子どもはくじけてしまい、二度と何かに挑戦しようとしなくなるでしょう。

親にしてみたら、失敗したらがっかりもするでしょうし、大人の目にはいかにもうまくいかなさそうに見えることもあるでしょう。しかし、そんな思いをグッと飲み込み、笑顔で子どもを見守ってください。心の中でどう思うかは自由です。ただし、**目に見える表情は「笑顔」で、口から出る言葉は温かく**。それがお子さんの未来を変えていくのです。

2 復学に挑戦するのに必要な心のエネルギーのため方

ここではもう一つの「挑戦するのに必要な心のエネルギー」についてお話しします。

エネルギーの源は、やはり親から注がれる愛情です。

もちろん、本書をお読みの皆さんは、お子さんをとても愛されていると思います。お子さんのために頑張って働き、ご飯を用意し……お父さん、お母さんは常にお子さんのことを考えていらっしゃるでしょう。

しかし、愛情は目に見えないものです。愛情とはそういうものだと理解して、ちゃんと感じ取れる子どもはなかなかいません。

そのため、親御さんは愛情をたっぷり注いで育てているつもりでも、子どもには感じられず、子どもの心にはエネルギーがたまっていないということが往々にして起こるのです。

愛情は子どもに表現しないとなかなかたまらない

子どもに愛情を伝える鍵は、第3章第8節でお話しした「ストローク」です。**「目で追う」「耳を傾ける」「笑顔を向ける」ことで、「あなたの存在がそこにあるのを私は知っていますよ」というメッセージを送ります。**

子どもが遊んでいてふと顔を上げたときに、お父さんやお母さんと目が合えば、親の存在と自分への愛情を感じて安心できます。

ですから、お父さん、お母さんはお子さんとぜひ「目で追う」「耳を傾ける」

「笑顔を向ける」というかかわりを持ってあげてください。

ずっと見ているというわけではありません。料理をしながらときおり子どものほうを向いて「何してるの？」と声をかけたり、「今日のメニューは○○だよ」と話しかけるだけで随分違います。

一緒にごはんを食べるときは、ぜひ声をかけ、ニコニコしながら子どもを見てあげてください。

そのときは必ず「感じのいい表情」をしていることが重要です。「あなたと一緒にいるのが幸せ」ということが子どもに伝わるような笑顔を見せてあげてください。

ニコニコして子どもを見つめていると、子どものほうが照れて「何？」とぶっきらぼうな態度をとるかもしれません。ときに子ども自身も自分の嬉しい気持ちに気づけないこともありますが、親御さんからの愛情を感じ、内心では嬉しく思っています。

愛情は、抱えているだけではなかなか相手に届きません。相手に直接伝わる表現をして初めて伝わります。

そして、親の愛情があれば子どもの心にはどんどんエネルギーがたまっていきます。きっと子どもは今より元気に、笑顔で日々を過ごすことができるようになります。

3 子どもとのいい関係を作る会話の基本

ここでは、よい親子関係を作り、親が子どもの安全基地となるための子どもとの会話の基本についてお話しします。

まず、「耳を傾ける」こと。「子どもの話に興味関心を持って聞く」ことが最も大切です。

子どもが話しかけてきたら、何をしていても手を止め、子どものほうへ体を向けて話を聞きます。スマホを持っていたらテーブルに置きましょう。

会話は話し手の子どもが8割、聞き手は相槌を打つ程度に留めます。

そして、子どもの話を笑顔で、あるいは真剣に聞きます。

「なるほど～」「そうなんだ！」「へー！」「おもしろい！」……など、オーバーリアクションでしっかり「あなたと話すのはとても楽しい」「あなたが話しかけてきてくれるととても嬉しい」を表現します。

質問されたら一緒に考えよう

質問すること、頼ることでしかコミュニケーションをはかれない子も意外にいます。そういう子どもから「これはどうして？」と聞かれた場合、すぐに理由を答えるのではなく、コミュニケーションの機会ととらえて「どうしてなんだろうね？」と、まずは一緒に考える姿勢を見せます。

「どうやってやるの？」と聞かれたら、「さぁ、どうやってかな？」と答えて考えさせます。少しヒントを出したりして、できるようになったら「できたー！」と一緒に喜びます。

子どもが工夫してやろうとしていたら、正解でなくてもまずは「なるほど！」と言って試しましょう。うまくいけば「〇ちゃんすご～い！」と大げさなくらいに喜び、うまくいかなくても笑って受け入れましょう。

4 子どもを「不機嫌」で支配しない

親が子どもの「安全基地」になるために、もう一つ気をつけたいことがあります。

それは、**子どもを「不機嫌」で支配しないということです**。

具体的には、イライラしたり、怒鳴ったり、ムスッと黙り込んだりすることで周囲に不快感や威圧感を与え、相手に気を遣わせて結果的に自分の思い通りにしようとすることです。

もし、何も言わなくても、お子さんが親の意に沿う行動をとってくれていたら、自分が不機嫌で支配していないか省みてください。

「よく気がつく子」といえば聞こえがいいですが、それだけ人の顔色を窺っているということで、子どもにとっては気の休まらない状態が続いているのかもしれません。

お願いしたいことは言葉でちゃんと伝える

不機嫌で支配する代わりに心がけたいのは、**お願いしたいことは言葉でちゃんと伝えることです**。子どもが「気を張っていなくても大丈夫、気がつかなくても大丈夫」とリラックスできるように、穏やかな言葉で率直にちゃんと表現することが大切です。

また、子どもが失敗したときや、親にとって期待外れの行動をしたときも、嫌な顔をするなど不機嫌な反応をしないよう注意しましょう。

逆に、子どもの不機嫌にも構わないようにします。その不機嫌はあなたのせいではありません。子ども自身の課題です。そしてお子さんにも、不機嫌な態度で周囲にわかってもらおうとせず、気持ちや要求は言葉できちんと伝えるように指導しましょう。

5 子どもが不信感を持つ大人の言葉

これから紹介する言葉は、大人がよく不登校の子どもにかける言葉です。

しかし、実際はその言葉通りにならないことが多いため、子どもから不信感を抱かれる原因になることがあります。

①「嫌だったら帰ってきていいから」

子どもに安心感を与えようとして「嫌な思いをしたらすぐに家に帰ってき

ていい」などと言いがちですが、安易な気休めを言うのはやめたほうがいいです。

その言葉を信じて登校した子どもが、先生に「帰りたい」と言ったところ「もう少し我慢していなさい」と言われたとしたらどうでしょう。もしくは、早く帰らせてはもらったものの、親には「明日は嫌でももう少し長くいてみよう！」と言われたとしたら？　子どもは「嫌なら帰ってもいいと言ってたのに！　嘘つき！」と思ってしまうかもしれません。

「嫌だったら」というのも感心しません。はじめから嫌になる前提で送り出されれば、子どももそのような気分になってきます。**安心させようとして余計な言葉を口にしないことが大事です**。

ほかにも、「行ってみたら楽しいよ！」など、本当に「楽しい」かどうかはわからないのに無責任な言葉がけは、そうならなかったとき、子どもに落胆と失望を与えます。「楽しいって言ってたのに！」と、学校が余計に嫌になるきっかけを与えてしまうかもしれません。

②「お母さんは別にいいけど、困るのはあなただよ」

これもよく聞く言葉です。本当に「別にいい」と思っているのならともかく、本心ではどうでもいいわけがない場合、嘘は言わないようにしましょう。「お母さんはあなたに○○してほしいと思ってるよ」と、本当に思っていることを伝えるのが素直なコミュニケーションです。

③「10分でもいいから学校に行ってみよう」

10分でよいわけがないのにその場しのぎでそんなふうに言ってしまうことがありますが、子どもは本当に「10分」のつもりでいるかもしれません。

ハードルを下げたいのであれば、「とりあえず、まずは10分行ってみよう」と段階を踏ませる目的で使ってください。

6 親の都合でルールを変えてはいけない

この章の最後に、親が筋を通さないと子どもは道しるべを失うというお話をします。

親は子どもにとって様々なルールの基準です。親が挨拶をしているところを子どもに見せて教えれば、子どもも挨拶をするようになります。親が脱いだ靴を並べるところを見せて教えれば、子どももそれをするようになります。子どもは親の背中を見て、その場面場面ですべきことを学習していくのです。

しかし、ときどき親の都合でルールが変わることがあります。

わかりやすいのは、テレビやゲームの時間制限ルールでしょう。子どもには「ゲームは1時間までね」と言っているにもかかわらず、親自身がゲームを1時間以上していることはないでしょうか？

もしくは、子どもが1時間以上ゲームをしているのに気づかず、注意を怠ったりしてはいないでしょうか？

それは子どもの中では大事件になります。

「ゲームは1時間までだったのに、今日はやめなさいと言われない。どうやらやめなくてもいい日があるようだ」

すると当然ゲームをしていたい子どもは、やめなさいと言われたらやめる、やめなさいと言われないときはやめない、という新ルールでゲームを続けます。

元々のルールを失い、親の顔色を見て生活するようになってしまいます。

規範意識を育てるためにも決めたルールは貫き通す

「怒られなければしてもいい」という判断基準は、逆にいえば「怒られるから○○する（しない）」ということです。これは幼い考え方ですし、この考え方をしていると子どもは自発的に行動しなくなります。

部屋の片づけも、勉強も、怒られたらやればいい、それまではやらなくていい、というふうに。

決めたルールは貫き通す。これをすることで、「怒られなくても守るべきルールを守る」「やるべきことをやる」という規範意識が育ちます。

ときに親がルールを破ってしまうこともあるかもしれません。

そんなときは、素直に「ごめんね、間違えたね」と謝りましょう。

子どもはそんな親を見て、間違えたときは素直に謝るというルールを覚えていくのです。

第5章

不登校、学校復帰にまつわる不安に答える

第５章では、不登校のお子さんとその親御さんにかかわる中で、比較的よく聞く不安、相談内容についてお話しします。
あきらめない、まだできることがある、そんな気づきのきっかけになれば幸いです。

1 学習の遅れは気にしない

子どものことを真剣に考えると、やはり心配になってくるのが、学習の遅れです。

とはいえ、長年のカウンセリング経験から、勉強のことはいったん置いておいたほうがいいと私は考えています。

子どもが不登校になると、「学校には行かなくても、せめて勉強は家でさせよう」という思いから、いろいろな方法を試される方がいらっしゃいます。

たとえば、市販の問題集をやらせる。一番よくあるパターンですが、落とし穴があります。

まず、まだ習っていないところであれば、その問題集の半分も解けないかもしれません。半分も解けない問題集、これはやっていて苦痛です。

誰か教えてくれる人がいればいいのですが、じゃあ親が教えようとするとここにもまた落とし穴があります。

親がイライラしながら勉強を教えるのはNG

子どもに対して笑顔で、楽しく、子どもも笑顔になるようなかかわり方で勉強を教えることができればよいのですが、「なんでこんなこともわからないの？」と思えてきたり、真面目に勉強しようとしない子どもにイライラしてしまうこともあるかもしれません。

そのイライラは顔に出ます。わざと出している人もいるかもしれません。

それでは子どもは勉強が嫌いになってしまいます。しかも、親まで印象が悪くなってしまいます。

子どもは親が大好きで、親には笑顔でいてほしいと願っています。そんな子どもにとって、親を不機嫌にさせる勉強は敵でしかありません。**親がイライラしながら勉強を教えるのは、子どもが勉強嫌いになるきっかけになりかねないのです。**

ですから、不登校の状況になったら一度勉強のことは置いておいて、生活習慣や親子関係などをまずは整えましょう。勉強はそれからでも大丈夫ですし、そうしないとなかなか学力は伸びません。

2 不登校でも進学をあきらめる必要はない

不登校になると心配になることの一つに、「進学問題」があります。

小学生ではまだあまり気にしない家庭もありますが、小学校高学年から中学に入学する頃には、やはり高校進学について気になってくるようで、相談される方も多くいらっしゃいます。

現在は、通信制、定時制、通学が週1回など、さまざまなシステムの教育機関が選べます。

では、地元の全日制の公立高校や私立高校の受験は可能なのでしょうか？

実は、中学校で1年以上不登校でも、これらの学校に入学できることもあります。私の運営するフリースクールの生徒も不登校でしたが、公立の高校、中には進学校に入学した子もいます。

入試については、学校の先生はもちろん、教育委員会も相談に乗ってくれると思います。塾を利用しているのなら、そこにも相談してみてください。

公立の高校は都道府県単位で受験ルールがあり、さらに細かく学校によって違いがあります。

中には「面談重視」と書かれているところもあります。実は出席があまり受験に関係しない場合もありますし、内申点も見るところの偏りがあることもよくあります。

このような話を子どもとするのは、ある程度状態が整って、子どもが元気になってからかと思いますが、事前に情報を集めるのは無駄にはならないでしょう。

進学もその先の人生も、小学生・中学生のときの状態で決定づけられるものではありません。今はいろいろと見直す機会ととらえて、子どもの状態を整え将来に備える時期だと考えましょう。

3 長期休暇は学校復帰の大きなチャンス

第2章で、普段の日は「学校に通っているときと同じように過ごす」ことを提案しましたが、夏休みなどの長期休暇はどうすべきでしょうか？

長期休暇は、休暇明けに自然な形での学校復帰が目指せるチャンスです。

長期休暇中、本腰を入れて学校に通っているのと同じ生活リズムで過ごすようにし、それを崩さず安定させると、休み明けに学校復帰がスムーズにいく場合があります。

ただ、クラスメイトは連日遊んでいますので、長期休暇に対応してくれるフリースクールなどを利用するとよいかもしれません。

そのような場所がなく、家庭で取り組む場合は、まず就寝と起床のリズムを一定させることに注力しましょう。

長期休暇の宿題を仕上げてモチベーションアップ

もう一点、長期休暇といえば「宿題」です。

宿題は、（大きな声では言えませんが）答えを丸写ししてもいいので、頑張って早めに終わらせてしまいましょう。工作や自由研究などは、親御さんが手伝ってあげてもいいでしょう。

長期休暇の最終日までにすべての宿題が終わっていれば、それを提出しないのはちょっともったいないですよね。ここに学校へ行くモチベーションが生まれます。

逆に宿題が終わっていないと、学校に行くモチベーションは下がります。私のところに来ているフリースクールの生徒も、宿題をきっかけに勉強への不安が減って、復学の大きな要因の一つになったというケースもありました。

長期休暇はうまく使えると復学の大きなチャンスになりますので、ぜひ計画的に過ごさせてください。

4 クラスメイトとの会話シミュレーション

復学するとなると、クラスメイトとのコミュニケーションも心配です。とはいえ、側にいて逐一アドバイスするわけにもいかないので、こういうふうに接したらいいんだよというモデルを、まずは親自身が子に対して振る舞い、見せることで体験させてはいかがでしょう。

そうすると必ず、子どもの頭の中にイメージが刷り込まれていきます。数週間、「見せる」体験をさせてから、実践に移します。

例として、「嫌なことがあるとすぐにムッとして表情に出したり暴言を吐いてしまう」という心の動きのコントロールの仕方を紹介します。

【第一段階】コミュニケーションのモデルを示す

子どもから嫌なことをされたり言われたときをとらえて、コミュニケーションのモデルを示します。子どもの言動は否定せず、ニコニコ笑顔で「〇ちゃん、こうしてもらっていいかなぁ？」と、どうしてほしいかだけを端的に伝えます。

あるいは「〇ちゃん、お母さん傷ついちゃった。謝ってほしいな〜？」と、明るい口調で気持ちを素直に表現します。

ポイントは、嫌な思いをしているけれどもムッとしたり怒ったりはしないことです。もしムカムカしているのを顔に出して接したら、子どもがそれを学んでしまいます。

【第二段階】実践させる

子どもが嫌なことをされて、睨んだり、文句を言ってきたとき、「こういうときは何て言うのだったかな?」と優しく言います。子どもが答えられなければ、「やめて」「○○してほしいな」「私嫌だったな、謝ってほしいな」などの例を声に出して示します。

このときは、ささやくような小さな声で子どもに聞こえる最低限の音量で言います。教えるというより、独り言のような言い方です。

これは、子どもが「親に言わされた、教えられた」ではなく、「自分で考えた、自分で気づいた」と思えるようにするためです。

ですので、子どもが親の言った通りに真似をして「○○してほしいなって言う」などと言ったら、「そう! えらいね! そうだね!」と驚き、笑顔で返事をしてあげてください。そうすれば子どもは、「自分で気づいて、考えて行動した」と感じることができます。

このように、自分で解決する機会をとらえて達成感につなげることで、自信を育んでいきます。

次に子どもに同じ言葉を言わせるのですが、ちゃんと言えたかどうかあいまいであっても言えたものとして、「うん、わかった！」「そっか！　気づかなくてごめんね！」「いいよ！」「はーい！」などと大げさに反応してみせます。

繰り返すことで、自分の気持ちの人への伝え方、表現の仕方を学ぶことができます。嫌なことをやめてほしいときでも、嫌な顔をしなくていいということが学べます。

自分の主張を伝えるときに、相手に不快な思いをさせないことができるようにもなります。

これがうまくできると、子どもはきっと人間関係のいろいろなストレスから解放されるはずです。

ほかにも、何か貸してほしいときの言い方や、勝手に自分のものを使われたときの言い方なども練習するとよいでしょう。これも復学や社会復帰の際にとても役立つ子どもの武器になります。

嫌なことがあっても、関係性を崩すことなく自己主張できる。これがわかればまた一つ、大きな不安が消えると思います。

5 この先へ、もう一歩先へと欲張らない

子どもが小学生でも中学生でも同じですが、一つできると親は欲が出てしまい、もう一つ次に進ませようとしてしまいます。

不登校で苦しんでいた頃は、学校に行ってくれさえすればありがたいと思っていたのに、ある程度安定して通えるようになってくると、日常生活の不満が顔をのぞかせるようになってきます。

宿題や片づけなどに対して口うるさくなってしまったり、成績が気になってきて習い事や受験に関して期待を押しつけてしまうこともあります。まさ

に「のど元過ぎれば熱さ忘れる」ですが、こういう親御さんは意外に多いのです。

そうなると子どもは以前の状態に逆戻りしてしまい、次はもっと対応が難しくなってしまいます。親御さんは、自分の首を自分で締めているようなものです。

子どもが「頑張ったら損」と思ってしまったら終わり

ここで子どもの中に芽生えるのは「頑張ったら損」という気持ちです。

子どもからすると、不登校だったときは親は何も言わずにむしろ何でもこちらの気に入るようにしてくれたのに、と不満が生じます。自分が怒ってしまってもあとで「お母さんが悪かったわ、ごめんね」と親のほうからすり寄ってきて、ほしいものは買ってもらえて自由天国パラダイス状態だったのに……ということになりかねません。

欲張らず、当たり前のことを当たり前にしていてくれるありがたみを忘れないようにし、プラスαを課したい気持ちを自分で見直して整理し、本当に必要な分だけの教育、しつけをしていかれることをおすすめします。

第6章

「学校に行きたくない」子の親御さんへのメッセージ

不登校の相談では、「私たち親が悪かったんです」と、ご自身を責める親御さんが大勢いらっしゃいますが、お子さんが不登校になったのにはたいてい複合的な要因があり、決して親御さんが悪いわけではありません。
最後のこの章では、お父さん、お母さんが少しでも楽になれるような考え方のヒントを、カウンセラーとしてお伝えします。

1 子育てに「こうでなければならない」はない

不登校の相談では、「自分のせいで、子どもが大変なことになってしまっている」と、ご自身を責める親御さんが大勢いらっしゃいます。

そんなお父さん、お母さんにまず申し上げたいのは、**子育ての方法に「こうでなければいけない」はないということです**。

世の中には多種多様な子育て論があふれています。

そんな中で、たまたま知った子育て論を「こうでなければ」と思い込んでしまったり、「あれもこれも」と育児書を読み漁り、一生懸命のあまりすべてを取り入れようとして振り回されてしまったりということが起こります。

そして、完璧にできない自分や、完璧な結果とならない子どもにイライラしたり、落胆してしまうのです。

親子が幸せになるための子育て論のはずだったのに、親も子も不幸な気分を味わうなんて、本末転倒です。

子育てはうまくいかなくて当たり前

子育ては、人間が人間と向き合っているのですから、自分と相手の感情の波や成長という変化が常につきまといます。うまくいかないことがあるのは当たり前です。

また、気質や能力には個人差があり、一人ひとり性質が違うのですから、子育ての方法の相性も違ってくるのは当然です。

よかれと思ってやっているやり方が自分に合ってないのかもしれないし、目の前の子に合っていないのかもしれません。

子育てをしている親御さんたちがうまくいかないことがあったとしても、何も悪くありませんし、失敗でもありません。そのときうまくいかなかっただけ、ただそれだけのことです。

子育ての方法に囚われず、なんだか違うなと感じたら、あっさり方向転換を考えるのも、また、立ち止まるのも一つの選択肢です。

「こんな子に育てたい」「こんなことをさせたい」などの特別な思いがあるのであれば、試行錯誤してみるのも子育ての醍醐味ですが、自分にも子どもにも批判的にならないように、やりすぎにならないように、常に振り返りを心がけるとよいでしょう。

2 「子どもを愛している」と思えなくても大丈夫

親も子も、「親子なんだから愛して当然。愛せない自分は冷たい人間」と自分を責めていることが結構あります。

しかし、親なら子どもを無条件に愛せるかというと、私はそうとは限らないと思います。

親自身の生育歴や好み、親が置かれている環境や性格もありますし、子どもとの相性もあります。

きょうだいでも育てやすさ、愛着の示しやすさ、表情の豊かさ、従順さなどに個人差があり、それが親自身の感情を左右することも当然あります。

ですから、**「愛せない」ことに後ろめたさを感じる必要はないのです。**

もちろん、もし「あなたなんて嫌い、愛せない」と口に出したら相手を傷つけてしまいますので、いけないことだと思います。でも、言葉や態度に表さなければ相手にその感情は見えません。

言葉や態度には本当の感情を出さずに笑顔を向ける、優しく思いやりを持った話し方、接し方をする、養育者として生命と心を維持するために必要不可欠な最低限の安全と安心を確保するといった、「人」としてあるべき行動ができるのであればそれでいいと私は思います。

愛情はあっても育てる義務を放棄してしまう事件が頻発するくらい、子どもを育てるのはとても大変なことです。心の内は秘めておき、明かさなければよいこと。育てていらっしゃるだけで満点！　ご立派だと私は思います。

3 不登校の原因を追及・批判しても意味がない

子どもの不登校と向き合うとき、何が原因かを考えますが、それは今後どのようなかかわりがその子にとって必要かを見出すためであって、当事者を批判するためではまったくありません。

不登校という事柄に対して批判は何の役にも立ちません。それよりも、これから子どもにどうかかわるかを考えることに力を使いましょう。

原因はよくわからないという結論になったらなったで、今のその子の様子を見て、今後のかかわり方などのプランを立てます。

大切なことは、子どもにとって一番影響力が大きいご両親が、現在のその子に合ったかかわり方をすること。そして子ども自身には、必要に応じて、今後生きていくための処世術、つまり武器を持たせて、生きづらさの軽減を図ることです。

不登校がきっかけで子どもの人生が豊かになることもある

原因探しをするとその原因だけがクローズアップされて、「あのときああしていたらこうはならなかった……」などと思うかもしれませんが、その原因はきっかけに過ぎないことが多いです。

気質や性格、環境、そのときの状況、そのときの心のバランス、脳内ホルモンの状態……などなどいろいろなことが重なって結果につながります。

だから原因となったことを解決するだけではうまくいかないことのほうが

多いです。

俯瞰的に、多角的に、多面的に見て、その子に「必要なもの」をある程度絞り、必要なプランを立てていきましょう。

不登校がその子へのかかわりや環境などを見直すきっかけとなり、子どもの人生がより豊かになれば、とても有意義なことだと思います。

4 子どもが変化するプロセスとして「退行」することもある

子どもへのかかわりを変えてしばらく経ち、子どもが変化をはじめると、前より悪くなったと感じることがよくあります。

しかし、その状態はこれから起こる本格的な変化に必要なプロセスです。これまで怒ってばかりだった親が急に怒らなくなると、子どもは最初「どうしたのかな？　変だな？」と親の顔色を窺うようになります。

何か裏があるんじゃないかと疑ったり、愛想をつかされたのかと思って不安になったり……。

数日経つと今度は「本当に怒らなくなったのかな?」「本当に優しくなったのかな?」と思って、それを確認するような行動をとることがよくあります。たとえば、わざと親を怒らせるようなことをしはじめたりします。

ここで親がまた前のように怒ってしまうと、「ほら、やっぱりね。信じなくてよかった。自分の親は変わらない」と思われて親は子どもからの信頼を失い、問題解決をさらに難しくしてしまいます。

しかし、ここでグッと堪えると、子どもは「親を信じてもいいかもしれない」と思ってこれまで甘えられなかった気持ちを爆発させ、まるで幼児に戻ったかのような行動をとることがあります。

このプロセスは「退行」といって必要なプロセスです。

プロセスがある程度進むと、子どもによってパターンが分かれます。

一般的には退行がはじまって1週間から10日くらいまでの間に、適切なかかわり方を通して、行き過ぎた甘えやわがままについて「ここまではいいけどこれ以上はダメだよ」と限度を教えていきます。

その頃には、子どもは素直な気持ちで親の言うことを受け入れられるようになっていますので、日を追うごとに関係性がよくなり、ちょうどよい親子の距離感を保てるようになります。

悪い方向にエスカレートするなら方法の見直しが必要

しかし、以前の関係性が極端に悪いと、退行とともに心の中にたまっていた親への不満がどんどん吐き出され、荒れることがあります。

このときも動揺している様子を見せたり、言い訳したりせずに、ひたすら子どもの気持ちを受け止めてあげることに徹します。なお、できるだけ子どもの年齢が低い時期にかかわることが重要になります。

変化させたスタンスを崩さないようにすると、数週間から数か月で退行も治まってきます。数か月くらいしたら少しずつ、そのときの状態に応じて必要なかかわりに変えることも大切です。

一方、やったことが悪い方向にエスカレートしたり、いつまでも状態が変わらないようなら、方法の見直しが必要です。

子どもに合っていないか、方法が間違っているか、その方法を実践しているうえでどこにエラーが出ているかを検証します。

5 発達障がいだからとあきらめないで

「うちの子は発達障がいなので学校に行けないのは仕方ない」とおっしゃる親御さんがいらっしゃいました。

確かに、ご苦労は多いと思います。しかし、発達障がいだから学校に行けないとか、仕方がないなどということはないと私は考えます。

発達障がいというのはあくまでも診断名であって、特徴や困りごとは一人ひとりまったく違います。ですからまず、「発達障がいとは」といった情報をすべて鵜呑みにするのではなく、参考としてとらえることが大切です。

同様に、発達障がいだからこういうかかわり方が必要、と紋切り型で考えるのではなく、今後のかかわり方や、その子に何が必要かの見立ては、その子自身をよく見て考えることが重要です。

発達障がいの診断はその子をよく知るための情報の一つ

学校は学びの場として優秀だけれど、発達障がいを持つうちの子には合わない、ということはあるでしょう。かえってマイナスになることもあります。一方、その子にとっては行くほうがプラスになる場合もあります。

繰り返しになりますが、発達障がいの診断は、その子をよく知るための情報の一つです。その子の行動の根本は何に起因しているのかを、そのときどきで見極めながら、その子にとって一番よい選択肢を選んでいくことが必要なのではないでしょうか。

6 「学校復帰」の是非ではなく子どもの未来を考えた選択を

今、学校復帰に肯定的な意見を発信することに、世の中は過敏になっていると感じています。

そういった議論を参考にすることは必要ですが、重要なのは世の中の風潮に右へならえするのではなく、目の前のその子の未来に現在の選択がどう影響するかということです。

子どもには当然個人差があり、環境も状況も人それぞれなのに十把一絡げにして考えることは危険ではないかなと思います。

もし今、学校に行かせようとすることで子どもに苦痛を感じさせたとしても、数年先の未来ではそこそこなんとかなっていて、さらにその先の未来では学校に通った経験が必ずや子どものためになっているであろうと思うのであれば、子どもを学校に行かせることに価値はあるだろうと考えます。

しかし、今、無理をさせて学校に行かせても子どもに苦痛を強いるだけで、学校に通った経験が子どもの未来にプラスになるイメージが持てないと感じるならば、世論の流れとは関係なしに、うちの子には学校復帰はベストとはいえない選択であると判断すればよいと思います。

選択は後々変えても構わない

また、その選択は後々変えてもいいのです。

なぜなら、子どもも親も環境も状況も、時の流れによって変化するからです。そのたびにベストな解答も変化していきます。

人は、そのときそのときで一番よいと思う判断をしているはずです。後々選択を変更しても、最初の選択を悔いる必要はありません。過去は過去でそのときの最適解を選んでいるのです。

未来はわかりません。**未来はわからないからこそ、早々に結論を出すのではなく、まずは、基礎に戻って子どもとの関係性を立て直すことからはじめましょう。**

家を建てるのと同じで、基礎工事がしっかりできていないと家が倒れてきてしまいます。応急処置でつっかえ棒をするだけでは、時間とともに傾きは激しくなり、最終的につっかえ棒も折れてしまうでしょう。

いきなり不登校をどうするかの解決策を模索するよりも、まずは子どものの人格や親子の関係性に着目し、必要な見直しを行って基礎固めをし、しっかりと親子関係の土台を作ってから、不登校に向き合ってはいかがでしょうか。

7 お父さん、お母さんの頑張りが学校復帰を実現させる

不登校の子が学校復帰すると、だいたい子どもだけが褒められます。その裏では親御さんが苦労して精も根も尽き果てているのですが、誰もねぎらっても、頑張りを讃えてもくれません。

確かに子どもが頑張ったのはもちろんですが、私がかかわったケースではほぼすべて、親御さんの頑張りがあってこそ成し得た学校復帰でした。

凄いなぁ、お母さんよく頑張ったなぁ。いろいろアドバイスはさせてもらったけれども、言うは易し行うは難しで、実践は本当に大変。本当によくやり

切ったなぁと、毎回毎回、どの親御さんにも感動させられています。

不登校の子どもを学校に復帰させるのはとてつもない労力が必要です。親はエネルギーがカラカラどころかマイナスの状態でエンジンをふかし、幾度となくがっかりさせられ、傷つきながら、一喜一憂してはいけないと思いつつも一喜一憂して疲れ果てていくのです。

それでも我慢と忍耐を積み上げて子どもに接し、学校復帰につなげたのは誇れることです。

あなたの味方はたくさんいる

お子さんを学校に復帰させようと頑張っている親御さんから、辛い気持ちを吐露する相手がいないという話をよく聞きます。

けれども、周囲に理解してもらおうともがけばもがくほど心はカサカサになっていきます。ですから身内や親戚などから無理に理解を得ようとするのはやめたほうがいいでしょう。そのときは苦しいですが、みなさん、その後「吹っ切れて気持ちが強くなった」とおっしゃいます。

身内や親戚の理解のなさが害になっている場合もあります。その場合は、専門家に直接、その人たちと話してもらえないか相談してみましょう。

身内や親戚に味方がいなくても、行政や専門家の中には全力で親の気持ちを理解し、サポートしようとする方たちがたくさんいます。また、同じような悩みを抱えた人たちのグループもありますから、いろいろ調べてみて、自分に一番合った心の拠りどころを見つけてください。

地道に味方を集めて、一人ではないことを実感してください。

おわりに

この本を読んでいただき、ありがとうございました。

まずは、わが子のために一生懸命この本を読んだご自身を「頑張ったね！すごいね！」とたくさん褒めてあげてください。

子どもにとっても、自分のために本まで読んで頑張ってくれる親がいてくれることは、本当に幸せなことだと思います。

そんな素晴らしいお母さん、お父さんに向けて、ここで最後のメッセージをお伝えします。

この本は、できる限り「具体的な行動」を示すことで、実践しやすくなるように心がけましたが、最後は「意識の向け方」についてお話しします。

たとえば子どもが風邪をひいて学校を休んだら、皆さんはどうされますか？

多くの方は「病院に連れて行こう」「早くよくなるように、栄養のあるものを食べさせてしっかり眠らせよう」など、風邪を治すことに意識を向けると思います。なぜなら、学校を休んだ理由は風邪だからです。

「不登校」といわれる状況も、学校に行っていないという点では、風邪をひいたときと同じです。

しかし違うのは、風邪のように休んだ理由が明確ではないこと。「なぜ？」「どうして？」がわかりづらいためについ、「学校に行っていないこと」に意識を向けがちになり、なんとかして学校に行かせようと一生懸命になってしまいがちです。

けれども、忘れてはならないのは、不登校はあくまで結果だということです。不登校の状態になったのは、風邪ではない〝何か〟が子どもに起こったからです。

ですので、風邪に対するのと同様、その〝何か〟に対処できるようになれば、状況は変わってくるでしょう。

〝何か〟とは？ その対処法とは？ いくつかをこの本に書かせていただきましたが、他人から見ると本当に些細なことであったりします。

また、「こうすれば絶対に風邪をひかない」という方法は存在しないのと同様に、これさえすればというものはないかもしれません。しかし、少しでも効果があることはたくさんあります。

何かを実践すれば、ただちに不登校という問題が解消しなくても、少しずつその子の人生によい変化が起こってくるものです。

ほかの家族や友だちが元気なときでも風邪をひく子がいるように、ほかの子は気にしていない先生の言葉に傷つく子や、ほかの子よりゲームや動画の視聴にハマりやすい子、ちょっとした失敗がほかの人以上に気になって仕方のない子など、いろいろな子どもがいます。

不登校という時間を、子どもが〝自分という人間〟とのつき合い方を模索して覚える機会ととらえていただけたらと思います。その経験は将来、必ず子どもを助けてくれます。

心に少し余裕ができたとき、もしよろしければ「今、この子が学校を休んでいるのはなぜなのか」「この子が、この先に続いていく自分の人生を生きやすくなるためには何が必要なのか」ということについて、もう一度意識を向けてみてください。

答えは出なくても、そこに意識を向けるだけで、子どもにかける言葉や向ける表情はきっと変わってくると思います。

この本が、そんな皆様のお力になることができれば、とてもとても幸せです。
最後まで読んでいただき、本当にありがとうございました。

水野　優子

水野 優子（みずの　ゆうこ）

公認心理師。

株式会社オフィス優　代表取締役。

NPO法人日本メンタルヘルスの会　代表理事。

短大を卒業後、保育士、公立小中学校の心の相談員、学童保育の立ち上げ・運営などを経験。児童虐待根絶を信念に、ボランティアで10年以上、青少年育成活動を行う。交流分析などの心理学、カウンセリングを学び、カウンセリングオフィス優を開業。個別カウンセリングのほか、フリースクール・学習塾「トラスト」でのサポート業務、空手道場「優拳塾」の運営などを行う。保有資格は保育士免許・幼稚園教諭免許・公認心理師。小中学校での保護者や教職員向け講演、生徒向けの道徳教育、市の教育委員会などの公的機関や一般企業での講演、研修講師、市民大学の講師、『みえこども新聞』での連載など活動は多岐にわたる。著書に『イライラ・ガミガミしないママになれる本「言うことを聞かない子」が変わる言葉かけ』（秀和システム）。

■注　意

(1) 本書は著者が独自に調査した結果を出版したものです。
(2) 本書は内容について万全を期して作成いたしましたが、万一、ご不審な点や誤り、記載漏れなどお気付きの点がありましたら、出版元まで書面にてご連絡ください。
(3) 本書の内容に関して運用した結果の影響については、上記(2)項にかかわらず責任を負いかねます。あらかじめご了承ください。
(4) 本書の全部または一部について、出版元から文書による承諾を得ずに複製することは禁じられています。
(5) 本書に記載されている会社名、商品名などは一般に各社の商標または登録商標です。

■装丁：室田敏江（志岐デザイン事務所）
■カバーイラスト：わたなべふみ
■本文イラスト：内田深雪

「学校《がっこう》に行《い》きたくない子《こ》」へのかかわり方《かた》がわかる本《ほん》

発行日　2024年　3月25日　　第1版第1刷

著　者　水野《みずの》　優子《ゆうこ》

発行者　斉藤　和邦
発行所　株式会社　秀和システム
〒135-0016
東京都江東区東陽2-4-2　新宮ビル2F
Tel 03-6264-3105（販売）Fax 03-6264-3094
印刷所　三松堂印刷株式会社　　Printed in Japan

ISBN978-4-7980-6963-0 C0037

定価はカバーに表示してあります。

乱丁本・落丁本はお取りかえいたします。

本書に関するご質問については、ご質問の内容と住所、氏名、電話番号を明記のうえ、当社編集部宛FAXまたは書面にてお送りください。お電話によるご質問は受け付けておりませんのであらかじめご了承ください。